Michelle Obama

Michelle Obama

em suas próprias palavras

Organizado por
Marta Evans e
Hannah Masters

Tradução de
Maria Luiza X.
de A. Borges

AGIR

Título original: *Michelle Obama In Her Own Words*

Copyright © 2022 by Agate Publishing Inc.

Direitos de edição da obra em língua portuguesa no Brasil adquiridos pela Agir, selo da Editora Nova Fronteira Participações S.A. Todos os direitos reservados. Nenhuma parte desta obra pode ser apropriada e estocada em sistema de banco de dados ou processo similar, em qualquer forma ou meio, seja eletrônico, de fotocópia, gravação etc., sem a permissão do detentor do copirraite.

Editora Nova Fronteira Participações S.A.
Rua Candelária, 60 — 7º andar — Centro — 20091-020
Rio de Janeiro — RJ — Brasil
Tel.: (21) 3882-8200

Imagem de capa: Arthur Mount

Impresso nas oficinas gráficas da Editora Vozes, Ltda.

Dados Internacionais de Catalogação na Publicação (CIP)

E92m   Evans, Marta
          Michelle Obama em suas próprias palavras / organizado por Marta Evans, Hannah Masters ; traduzido por Maria Luiza X. de A. Borges. – Rio de Janeiro : Agir, 2022.
          176 p. ; 13,5 x 20,8 cm

            Título original: Michelle Obama in her own words

            ISBN: 978-65-5837-073-4

          1. Biografia. I. Masters, Hannah. II. Borges, Maria Luiz X. de A. III. Título.

                                                  CDD: 920
                                                  CDU: 82-94

André Queiroz – CRB-4/2242

Aos cinquenta e quatro anos, ainda estou em constante evolução, e espero sempre estar. Para mim, o processo de transformação não é uma questão de chegar a algum lugar ou de alcançar determinado objetivo. Vejo isso como progresso, uma maneira de evoluir, uma forma de buscar continuamente ser uma pessoa melhor. A jornada não tem fim.

MICHELLE OBAMA

SUMÁRIO

INTRODUÇÃO 9

PARTE I: VIDA PESSOAL: OU EU NÃO TINHA NADA OU EU TINHA TUDO 15

Crescendo em Chicago 17
Educação e carreira 26
Casamento 32
Criação das filhas 41
Amizades e comunidade 50
Lições de vida 57

PARTE II: VIDA PÚBLICA: NÃO HÁ UMA MANEIRA CORRETA DE SER UM AMERICANO 69

Estados Unidos: sua política e seu povo 71
A Casa Branca 81
O papel de primeira-dama 90
"*Let's Move!*" e saúde das crianças 97

PARTE III: VISÃO DE MUNDO: UM MUNDO MELHOR É SEMPRE POSSÍVEL 113

Fazendo mudança 115
Desigualdade e injustiça 126
Apoio a mulheres e meninas 134
A próxima geração 140

MOMENTOS MARCANTES 151

AGRADECIMENTOS 173

INTRODUÇÃO

Michelle Obama é otimista em relação à América, embora ela seja a primeira a admitir que não é fácil manter essa atitude. Como a primeira mulher negra a ocupar o posto de primeira-dama dos Estados Unidos, ela pôde testemunhar, de uma perspectiva privilegiada, do que a América é capaz, positiva e negativamente. Com uma história familiar que traça uma linha da escravidão ao pináculo do poder nos Estados Unidos, passando pela abolição e a Grande Migração, sua história reflete trágicas injustiças americanas ao lado da esperança americana de superá-las.

Em 1964, no lado sul de Chicago, nasceu Michelle LaVaughn Robinson, filha de Marian Robinson, uma secretária, e Fraser Robinson III, um operário da estação municipal de tratamento da água que trabalhava por longas horas, apesar de lutar com a esclerose múltipla. A família era da classe trabalhadora e morava num pequeno apartamento onde Michelle e seu irmão mais velho Craig compartilhavam um quarto cindido por uma divisória de madeira. Foi uma infância repleta de afeto e liberdade, com longos dias passados brincando ao ar livre e uma tradição de refeições em família. Marian e Fraser estimulavam os filhos a explorar e fazer perguntas. Michelle se lembra de perguntar por que ela tinha de comer ovos, dos quais não gostava, no café da manhã. Quando seus pais disseram que era porque ela precisava de proteína, ela protestou, estrategicamente, em prol de sanduíches de manteiga de amendoim e geleia como um substituto — e ganhou.

Seus pais foram francos sobre o que seria necessário para que uma menina negra como Michelle tivesse sucesso — que além de seu talento e inteligência, ela precisaria de uma perseverança excepcional para alcançar seus objetivos. Os Robinsons tinham expectativas elevadas, tanto para o desempenho acadêmico dela quanto para suas responsabilidades para com a família e a comunidade. Michelle, que adotou a ética de trabalho de seus pais como um modelo, já sabia ler aos quatro anos e foi matriculada em um programa para crianças superdotadas na sexta série. Mais tarde passou a frequentar a primeira escola pública magnética de ensino médio de Chicago, onde foi membro da Sociedade de Honra Nacional e atuou como tesoureira do conselho estudantil. Sua diligência valeu a pena. Apesar da dúvida de pelo menos um conselheiro da faculdade, que disse a Michelle "Não tenho certeza de que você é o tipo certo para Princeton", ela se formou como a oradora da turma e foi admitida em Princeton com uma bolsa de estudo e um estágio. Ali, embora se destacasse nas aulas, frequentemente se sentia deslocada na faculdade de maioria branca e buscava refúgio em suas conexões com o pequeno grupo de outros estudantes negros. Ela levou consigo essa experiência para a Escola de Direito de Harvard, onde trabalhou para aumentar a diversidade no campus.

Depois de Harvard, Michelle retornou para Chicago e assumiu um cargo no prestigioso escritório de advocacia Sidley Austin. Ela foi rapidamente encarregada de orientar um associado de verão chamado Barack Obama. Barack mostrou interesse imediato por ela, mas Michelle sempre o rejeitava, temerosa de namorar um colega de trabalho. Quando ela finalmente concordou com um encontro, o relacionamento logo ficou sério. Três anos depois, eles estavam casados.

Michelle, que tinha começado a questionar sua satisfação com direito corporativo, deixou a firma para se dedicar ao trabalho no serviço público no governo municipal e em empresas não lucrativas. Essas mudanças se deveram em parte aos estímulos de Barack a assumir riscos e perseguir seus interesses. Mas foi também a perda de seu pai, que morreu em 1991, aos 55 anos, que a fez reconsiderar suas prioridades. Ele lhe ensinara o valor de manter sua palavra e estar presente para outras pessoas. Michelle quis honrar a memória dele, mantendo esses valores no centro de sua vida e de seu trabalho.

Barack, em sua própria busca por um trabalho significativo, tinha se decidido pela política. Michelle não ficou muito entusiasmada. Ela tinha um antigo ceticismo com relação a políticos, que a seu ver agiam principalmente por interesse próprio. Mas confiava em Barack e não queria atrapalhá-lo. Prudentemente, ela o apoiou durante sua campanha bem-sucedida pelo Senado estadual de Illinois em 1996.

As demandas da agenda política de Barack tornaram-se mais difíceis depois do nascimento da primeira filha do casal, Malia, em 1998. Em 2001, três anos depois que sua segunda filha, Sasha, nasceu, quando Barack estava de olho em uma vaga no Senado dos Estados Unidos, Michelle o fez prometer que se ele perdesse a corrida, desistiria da política de vez. Mas ele não perdeu. Michelle fez malabarismos com sua própria carreira cuidando das meninas em Chicago enquanto Barack ia e vinha de Washington. Quando a popularidade dele cresceu após um discurso na Convenção Nacional Democrática em 2004, Michelle foi convencida pela ideia de que os valores que ele apoiava poderiam ser postos em prática no cenário político nacional. Mesmo assim, ela concordou com sua campanha presidencial sem realmente acreditar que ele venceria.

Enquanto ela reduzia sua carreira para acompanhar Barack na campanha, a fama da própria Michelle cresceu. Embora muitos eleitores reagissem ao seu humor e franqueza, ela era intensamente observada pela imprensa e adversários políticos. A animosidade sempre esteve presente na política, mas a raça desempenhou um grande papel nos ataques lançados contra os Obamas, que muitas vezes implicitamente — e por vezes explicitamente — pintavam Michelle como o estereótipo da "mulher negra raivosa". Contudo, com o apoio de uma ampla e ativa coalizão de eleitores, os Obamas foram levados à Casa Branca.

Michelle Obama considerou cuidadosamente que tipo de primeira-dama seria. Apesar das pressões da opinião pública, assumiu como sua missão continuar a apresentar seu jeito autêntico. Aspectos que a tornavam incomum entre primeiras-damas — sua raça, sua criação na classe trabalhadora, sua trajetória de carreira proeminente, sua formação acadêmica (ela foi a terceira primeira-dama na história com nível superior) — lhe permitiam falar de uma maneira pessoal com mulheres não brancas, mães trabalhadoras, meninas com grandes sonhos, famílias que lutavam para sobreviver face às despesas, e tantos outros. Suas duas filhinhas foram sempre sua prioridade na Casa Branca, e ser "mamãe em chefe" também influenciava seus projetos públicos. A iniciativa "*Let's Move!*", que teve por objetivo fornecer a crianças acesso a alimentos nutritivos e informação sobre eles, surgiu da lembrança de suas próprias dificuldades para assegurar que Malia e Sasha tivessem refeições saudáveis quando ela trabalhava em tempo integral. De maneira semelhante, através do "*Let Girls Learn*", ela conectou suas esperanças para a educação de suas filhas ao trabalho por justiça educacional para meninas no mundo inteiro.

Durante o tempo que Michelle Obama passou na Casa Branca, seus índices de aprovação frequentemente superaram os de seu marido. Como uma cidadã comum, sua popularidade continuou elevada. Em seu livro de memórias, *Minha História*, ela compartilhou seus sucessos e lutas com mais detalhes, esperando que sua história inspirasse outras pessoas. Embora tenha sido muito incentivada a seguir uma carreira política, seu foco continua sendo servir o público fora de um cargo eletivo, emprestando seu nome para fomentar campanhas eleitorais e lançando novas iniciativas para lutar pelas causas próximas a seu coração. Michelle não alimenta nenhuma ilusão sobre a dificuldade de operar mudança, especialmente para aqueles que a sociedade deixa mais vulneráveis. Mas ela afirma que é precisamente por essa razão que o otimismo é um compromisso que vale a pena firmar — que nossa fé num futuro melhor é o que nos ajuda a alcançá-lo.

PARTE I
VIDA PESSOAL

OU EU NÃO TINHA NADA
OU EU TINHA TUDO

CRESCENDO EM CHICAGO

Chicago é a cidade que me ensinou o significado de retribuir.

— **Instagram, 31 de maio de 2019**

Ainda que nossa família estivesse espremida em um minúsculo apartamento, um dos maiores presentes que [minha mãe] me deu foi a liberdade de explorar e me desenvolver em minha individualidade.

— **Instagram, 10 de maio de 2019**

Vovô e vovó criaram uma linda família de cinco filhos, e até hoje, as histórias deles estão entrelaçadas com as minhas; seus sacrifícios e sucessos estão trançados com tudo que eu me tornei.

— **Instagram, 8 de setembro de 2019**

Meu pai nos deu absolutamente tudo. As risadas e lições, os abraços, a mágoa de perdê-lo — essas sensações ainda estão ali comigo, a cada minuto.

> **— Instagram, 14 de abril de 2019**

Sim, eu fui para Princeton e Harvard, mas a lente através da qual vejo o mundo é a lente com que cresci. Sou o produto de uma criação da classe trabalhadora. Cresci no lado sul de Chicago em uma comunidade da classe trabalhadora.

> **— "Michelle Obama on Elitism",** *The New York Times*, **15 de abril de 2008**

[Vovó] foi talvez meu primeiro exemplo de uma mulher profissional, mostrando-me que ser amável e estar no comando não eram aspectos mutuamente exclusivos.

> **— Instagram, 8 de setembro de 2019**

Juntos, em nosso apertado apartamento no lado sul de Chicago, minha família me ajudou a ver o valor em nossa história, em minha história, e na história mais ampla de nosso país.

> **— Instagram, 22 de maio de 2018**

PARTE I: VIDA PESSOAL

A primeira tarefa de todo pai ou mãe é manter seus filhos seguros. Mas por vezes esse instinto podia sair do controle. (…) Ninguém compreendia isso melhor do que minha mãe, Marian Robinson. Ela deu a meu irmão, Craig, e a mim a liberdade para vagar — não apenas na vizinhança, mas dentro de nossas próprias mentes e emergentes códigos morais.

— *The National*, Amtrak, agosto/setembro de 2019

Pois desde que posso me lembrar, meu irmão mais velho, Craig, sempre me protegeu. Até hoje ele ainda é um dos meus melhores amigos.

— **Instagram, 10 de abril de 2019**

Meu irmão e eu compartilhávamos um quarto que era cindido ao meio por uma divisória de madeira, dando a cada um de nós um minúsculo quartinho que cabia apenas uma cama de solteiro e uma mesinha. Portanto não tínhamos muito espaço, mas tínhamos amor de sobra.

— *"Let Girls Learn" in London*,
16 de junho de 2015

Brincávamos ao ar livre o dia todo, desde a manhã até a hora em que as luzes das ruas se acendiam.

— **"First Lady: Nation's Health 'Starts With Our Kids'"**,
Talk of the Nation, **12 de junho de 2012**

Quando eu ainda estava na escola primária, meu pai comprou um par de luvas de boxe para meu irmão. Mas quando ele chegou em casa da loja, estava trazendo não um, mas dois pares de luvas. Ele não iria ensinar seu filho a dar socos sem assegurar que sua filha lançaria um gancho de esquerda, também.

— *Vogue*, 29 de julho de 2019

Desde bem nova, [minha mãe] viu que eu tinha uma chama dentro de mim, e ela nunca a moderou. Ela assegurou que eu pudesse mantê-la acesa.

— **Instagram**, 12 de maio de 2019

Quando eu via meus avós e ouvia falar do sacrifício que eles fizeram, o que eu sentia era: "Oh, menininha, é melhor que você consiga essa estrela de ouro. Eles estão contando com você."

— *O, The Oprah Magazine*, dezembro de 2018

Sentíamos constantemente o esforço para equilibrar nossas responsabilidades familiares e os deveres escolares, as atividades, e as metas que tínhamos para nós mesmos. E apesar de tudo isso, meu pais esperavam plenamente que fizéssemos ambas as coisas — realizar nossos sonhos e estar lá para nossa família.

— *"Let Girls Learn" in London*, 16 de junho de 2015

Meus pais diziam-me todos os dias que eu poderia fazer qualquer coisa — uma médica, uma advogada, uma cientista, eu poderia ser qualquer coisa quando crescesse — mas somente se trabalhasse com o maior afinco de que fosse capaz para ser bem-sucedida na escola.

— *"Let Girls Learn" in London*,
16 de junho de 2015

Nossas vozes tinham valor real em nossa casa. Há algumas pessoas que criam filhos e usam a filosofia "crianças são para serem olhadas e não ouvidas", e isso era exatamente o oposto de nós.

— "Meet the Author: Michelle Obama", Virgin,
11 de dezembro de 2018

Como minha mãe costumava dizer: "Às vezes você precisa apenas sair e viver sua vida, e cometer seus erros onde eu não possa vê-los, porque estou cansada de ver você dar de cara com a parede."

— "Oprah's 2020 Vision Tour Visionaries:
Michelle Obama Interview",
12 de fevereiro de 2020

Quando penso na [Euclid Avenue, Chicago], quando penso em nossa infância, penso em música. A música estava em tudo. Não fazíamos nada sem música, e isso porque nosso pai era um grande amante de jazz e tinha uma enorme coleção de álbuns que ele adorava.

> — "Growing Up Robinson with Craig and Michelle",
> *The Michelle Obama Podcast,*
> **19 de agosto de 2020**

A música da Motown é uma das grandes alegrias da minha vida — eu amo a alma, a batida, a energia.

> — **Twitter, 12 de dezembro de 2019**

Você sabia que Stevie Wonder é meu favorito?

> — "Carpool Karaoke", *The Late Show with James Corden,* **20 de julho de 2016**

O que eu aprendi com nosso pai é que nada substitui pegar o telefone e ligar para alguém, aparecer para alguém.

> — "Growing Up Robinson with Craig and Michelle",
> *The Michelle Obama Podcast,*
> **19 de agosto de 2020**

PARTE I: VIDA PESSOAL

Havia jardins da vitória[1] em toda parte. Famílias pobres — gente que vinha de famílias grandes, em que havia seis, sete filhos, como meus pais — dependiam muito dessas hortas para incorporar verduras na alimentação. E isso era uma tradição.

— *Cooking Light*, 6 de fevereiro de 2015

Meu pai trabalhava por turnos, por isso havia alguns dias em que estava trabalhando na hora do jantar, mas sempre que ele estava presente sentávamos em volta da mesa com toalha de plástico, e era então que nos atualizávamos e conversávamos sobre o que estávamos comendo, conversávamos sobre o que estava acontecendo no dia.

— *Cooking Light*, 6 de fevereiro de 2015

Meu irmão foi meu herói desde sempre.

— "Michelle Obama says her brother is still their mother's favorite", *Good Morning America*, 13 de novembro de 2018

---

1 Hortas, especialmente caseiras, plantadas para aumentar a produção de alimentos durante uma guerra. [N. da T.]

[Craig] mede 198cm. Ele é o meu irmão maior, e é difícil ser muito mais alto que eu, mas respeito meu irmão.

— "**Michelle Obama on Childhood Fire Drills and Taming Barack Obama's Tardiness**", *The Tonight Show*, **19 de dezembro de 2018**

Eu sempre adorei meu irmão. Fui "a irmãzinha de Craig Robinson" durante a maior parte da minha vida. Eu poderia ficar irritada com isso, mas sou uma fã também.

— "**Michelle Obama says her brother is still their mother's favorite**", *Good Morning America*, **13 de novembro de 2018**

Diferente de minha mãe, nós não aprendemos a cozinhar. Isso não era uma coisa que minha mãe fazia questão que eu soubesse fazer. Vínhamos da geração em que minha mãe queria que eu fosse para a faculdade e para a escola de direito, e ela sempre dizia "você aprenderá a cozinhar", mas ela não me pressionava para isso.

— *Cooking Light*, **6 de fevereiro de 2015**

PARTE I: VIDA PESSOAL

Meu pai, ele é a nossa rocha. Crescer com um pai com uma deficiência, que nunca se queixava, ia para o trabalho todos os dias, não perdia um dia de trabalho. Não me lembro de meu pai ficando doente ou falando sobre ficar doente. Quando se cresce com esse tipo de ímpeto e esses valores, nós simplesmente nunca queríamos desapontá-lo.

— **"Michelle Obama says her brother is still their mother's favorite",** *Good Morning America*, **13 de novembro de 2018**

Eu sou e sempre serei uma Robinson. Isso significa muitas coisas, mas talvez acima de tudo, significa que mostro o meu amor compartilhando histórias. Somos uma turma emotiva e barulhenta de gente do Lado Sul, sempre mais felizes quando apinhados em volta de uma mesa de cozinha, contando piadas e conversando sobre os altos e baixos de nossas vidas.

— *The National*, **Amtrak, agosto/setembro de 2019**

Eu cresci com um pai com deficiência em uma casa pequena demais sem muito dinheiro em um bairro prestes a se degradar, e também cresci cercada por amor e música em uma cidade diversificada em um país em que a educação pode levá-lo longe. Ou eu não tinha nada ou eu tinha tudo. Dependia da maneira como você quer contá-lo.

— *Minha história*, **p. 416 da edição norte-americana, novembro de 2018**

Chicago fez de mim quem eu sou.

— **Instagram, 13 de novembro de 2018**

EDUCAÇÃO E CARREIRA

Posso lhe dizer que do lado sul de Chicago até Princeton e Harvard e além, minha educação abriu muitas portas para mim.

— **Instagram, 2 de maio de 2018**

Era nítido para mim que ninguém iria segurar a minha mão e me guiar para onde eu precisava ir. Em vez disso, dependeria de mim alcançar a minha meta.

— **Bell Multicultural High School, 12 de novembro de 2013**

Isso me lembrou do meu pai, sabe? Gente da classe trabalhadora que faz serviços que não são muito divertidos, mas pagam as contas. Então isso me mostrou o respeito que eu precisava ter pelas pessoas que trabalham todos os dias, e isso me mandou direto para a faculdade.

— Sobre seu primeiro emprego como encadernadora, "First Lady Michelle Obama Talks Her Firsts", *The Tonight Show*, 21 de fevereiro de 2014

PARTE I: VIDA PESSOAL

Meus pais me diziam: "Não se preocupe com o que outras pessoas falam sobre você". Eu trabalhava duro de verdade. Concentrava-me na escola. Queria tirar a nota máxima. Queria ser inteligente.

— **"Michelle: Her First Year as First Lady's excerpt: The mom-in-chief effect"**,
The Washington Post, 17 de janeiro de 2010

Toda a minha identidade estava ligada em atingir os objetivos que eu havia traçado, ganhar todos os prêmios que pudesse, e eu era boa nisso também. Quando cheguei à minha formatura do ensino médio, eu era a primeira da minha classe, membro da National Honor Society, tesoureira da turma e meu sonho de faculdade se tornara realidade — eu iria para Princeton naquele outono.

— **Discurso de formatura na Martin Luther King Jr. Magnet High School**, 18 de maio de 2013

Descobri que em Princeton, por mais liberais e abertos que alguns de meus professores e colegas de classe tentassem ser em relação a mim, eu às vezes me sentia como uma visitante no campus; como se realmente não pertencesse àquele lugar.

— **"Michelle Obama's Career Timeout"**,
The Washington Post, 11 de maio de 2007

Tentei recriar uma comunidade de conforto para mim e fiz isso basicamente permanecendo muito próxima da comunidade negra que estava lá. Ela era um lugar de conforto para mim nesse bastião, como eu o chamava. Eu era uma semente de papoula em um mar de brancura.

— **Sobre o encontro de uma comunidade em Princeton. "Michelle Obama Shares Her Chicago Lesson", WBEZ 91.5, 13 de novembro de 2018**

Então você entra com um sentimento como, "Bem, eu certamente não posso não aparecer. Preciso provar a essas pessoas que este é o meu lugar."

— **"Becoming, Part 1",** *All Things Considered*, **9 de novembro de 2018**

Sei como é ser menosprezada. Ser subestimada. Ter alguém dando pouca atenção às suas ideias em uma reunião.

— **"*Let Girls Learn*", evento celebrando o Dia Internacional da Mulher, 8 de março de 2016**

Esse pode ser o principal problema em dar muita importância ao que outros pensam: isso pode pôr você no caminho estabelecido — o caminho o-meu-não-é-tão-impressionante — e manter você lá por um longo tempo. Talvez isso o faça parar de sair da linha, jamais considerar mudar a rota, porque o que você corre o risco de perder quanto à estima de outras pessoas pode parecer dispendioso demais.

— *Minha história*, p. 91 da edição norte-americana, novembro de 2018

Eu me limitei a ser quem eu pensei que deveria ser. Isso levou a perdas em minha vida que me fizeram pensar: "Você alguma vez parou para pensar sobre o que queria ser?" E eu me dei conta de que não o fizera.

— *O, The Oprah Magazine*, dezembro de 2018

Perder meu pai exacerbou minha sensação de que não havia tempo para ficar sentada e ponderar como minha vida deveria ser. (…) Se eu morresse, eu não queria que as pessoas se lembrassem de mim pelas pilhas de informes legais que eu tinha escrito ou pelas empresas que eu ajudara a defender. Eu tinha certeza de que poderia oferecer algo mais para o mundo. Era hora de fazer uma mudança.

— *Minha história*, p. 146 da edição norte-americana, novembro de 2018

A capacidade de ler, escrever e analisar. A confiança de pôr-se de pé e exigir justiça e igualdade. As qualificações e conexões para dar o primeiro passo num processo e tomar seu lugar à mesa. Tudo isso começa com a educação.

— "*Let Girls Learn*", evento celebrando o Dia Internacional da Mulher, 8 de março de 2016

PARTE I: VIDA PESSOAL

Public Allies tinha tudo a ver com compromisso — encontrá-lo, nutri-lo, colocá-lo em prática. Era uma missão para procurar jovens cujas melhores qualidades poderiam ser menosprezadas e dar-lhes uma chance de fazer algo de significativo. Para mim, o trabalho parecia quase como destino.

— Sobre trabalhar para a Public Allies, organização que ajuda pessoas a ingressar em carreiras no serviço público e no trabalho sem fins lucrativos, *Minha história*, **p. 176 da edição norte-americana, novembro de 2018**

Eu não cresci com muito dinheiro. Nunca sequer imaginei ser a primeira-dama dos Estados Unidos. Mas como eu tinha uma educação, quando chegou a hora de fazer isso, estava pronta.

— "First Lady's Dance Moves Woo Indian Crowds", *The New York Times*, **8 de novembro de 2010**

CASAMENTO

Se meus altos e baixos, nossos altos e baixos em nosso casamento podem ajudar jovens casais a compreender que bons casamentos demandam trabalho… É injusto para com a instituição do casamento, e é injusto para com os jovens que estão tentando construir alguma coisa, projetar essa perfeição que não existe.

— "The Obamas' Marriage", *The New York Times*, **26 de outubro de 2009**

O casamento é uma escolha que você faz todos os dias. Pode ser trabalhoso, mas quando duas pessoas se comprometem a levar a cabo esse trabalho, as recompensas são doces.

— **Twitter, 21 de maio de 2020**

Essa é uma das coisas que eu amo em Barack. (...) Ele cresceu com uma mãe solteira, sua avó era a verdadeira chefe da família, ele se casou comigo, teve Malia e Sasha, que não medem as palavras, e se sustentou através de uma vida de mulheres fortes.

— **"Michelle Obama on Keeping Marriage, Politics Separate", ABC News, 8 de outubro de 2012**

Antes que eu conhecesse Barack, minha única preocupação era atingir meu próximo objetivo — escola de direito, firma de advocacia, um belo carro. Mas ele me ensinou a arte de mudar de direção, como tomar a vida como ela vem e seguir as minhas próprias paixões, independentemente de para onde elas conduzam.

— *O, The Oprah Magazine*, **15 de abril de 2020**

Conhecer Barack Obama e me apaixonar por ele, ter alguém em minha vida que me influenciou e me estimulou a correr certos riscos, me ajudou a começar minha virada e a deixar o direito, iniciando minha carreira no serviço público e trabalhando para o governo.

— **"Michelle Obama Shares Her Chicago Lessons", WBEZ 91.5, 13 de novembro de 2018**

Foi uma espécie de pomo da discórdia, porque eu dizia: "Olha, meu amigo, não sou uma dessas que vai simplesmente ficar passando tempo junto para sempre". Você sabe, eu simplesmente não sou assim. Ele dizia: "Casamento não significa nada, é realmente como você sente". E eu dizia: "Sim, certo".

— "The Other Obama", *The New Yorker*, 2 de março de 2008

Nossa vida antes de nos mudarmos para Washington era cheia de alegrias simples. Sábados nos jogos de futebol, domingos na casa da vovó. E um encontro à noite para Barack e eu jantarmos ou irmos ao cinema, porque como uma mãe exausta eu não conseguia ficar acordada para as duas coisas.

— Convenção Nacional Democrata, 4 de setembro de 2012

Os pontos fortes e os desafios de nosso casamento não se alteram porque nos mudamos para um endereço diferente.

— "The Obama's Marriage", *The New York Times*, 26 de outubro de 2009

Mas nós não moramos sempre na Casa Branca. E durante muitos anos antes de vir para Washington, eu fui uma mãe que trabalhava fora, fazendo o possível para conciliar as exigências do meu trabalho com as necessidades de minha família, com um marido que tem ideias malucas.

> — "Michelle Obama's remarks at Workplace Flexibility Conference", *The Washington Post*, 31 de março de 2010

O casamento é difícil, e criar uma família juntos é uma coisa difícil. Tem um custo. Mas se você está com a pessoa, se você sabe por que está com ela, se você compreende que há uma amizade e uma base ali, pode parecer que isso desaparece durante aqueles tempos difíceis, mas é algo a que nós sempre voltamos.

> — "Oprah's 2020 Vision Tour Visionaries: Michelle Obama Interview", 12 de fevereiro de 2020

[Barack] cresceu sem a mãe presente durante a maior parte de sua vida, e ele sabia que ela o amava muito, certo? Eu sempre pensei que o amor era proximidade. Amor é a mesa de jantar, amor é constância, é presença. Por isso eu tive de compartilhar minha vulnerabilidade e também aprender a amar de outra maneira.

> — *O, The Oprah Magazine*, dezembro de 2018

Eu sou como um fósforo aceso. É *poof!* E ele quer racionalizar tudo. Por isso ele teve de aprender a me dar, digamos, alguns minutos — ou uma hora — antes de sequer entrar na sala depois de ter me irritado. E tem de entender que não pode me convencer a esquecer a minha raiva.

> — *O, The Oprah Magazine*, **dezembro de 2018**

Eu era uma dessas esposas que pensavam: "Eu estou levando você para uma terapia de casal, portanto você pode ser consertado, Barack Obama". Porque eu pensava: "Eu sou perfeita". Mas a terapia de casal foi uma reviravolta para mim, fazendo-me compreender que não cabia a meu marido me fazer feliz. Que eu tinha de aprender como me preencher, e tinha de pôr a mim mesma no topo da minha lista de prioridades.

> — **"Michelle Obama Gets Real on Marriage Counseling, Saying 'Bye, Felicia' to the Presidency",** *The Tonight Show*, **18 de dezembro de 2018**

Eu tive de chegar ao ponto de compreender como construir o tipo de vida que eu queria para mim além do que Barack é e do que ele deseja.

> — **"The Obamas' Marriage",** *New York Times*, **26 de outubro de 2009**

PARTE I: VIDA PESSOAL

Era só eu e [Barack] e Bo e Sunny no jantar, e eles não falam — os cachorros não falam — por isso ficamos olhando um para o outro.

— **"Oprah's 2020 Vision Tour Visionaries: Michelle Obama Interview", 12 de fevereiro de 2020**

Barack é um competidor. Ele é um atleta. Mesmo brincando de pique, mesmo jogando palavras cruzadas, ele gosta de vencer.

— **"A Political Phenomenon",** *60 Minutes,* **25 de dezembro de 20080**

Barack não entende de moda. Ele está sempre perguntando: Isso é novo? Não vi isso antes. É como se dissesse: Por que você não cuida da sua vida? Resolva o problema da fome no mundo. Saia do meu armário.

— **"Wrapped in Their Identities",** *The New York Times,* **24 de dezembro de 2009**

Somos pessoas felizes, mas por que não haveríamos de ser? Temos saúde. Temos um ao outro. Temos um propósito.

— "Oprah and Michelle Obama: Your Life in Focus", *Oprah's SuperSoul Conversations*, 12 de fevereiro de 2020

A presidência sem dúvida nos aproximou. Foi só depois que nos mudamos para a Casa Branca que passamos a ficar juntos sete dias por semana, que pudemos jantar juntos, que ele teve tempo para treinar os times das meninas e ir a todos os eventos.

> — **"The Final Interview With the Obamas (Full Interview)", PeopleTV,
> 20 de dezembro de 2016**

Uma das razões pelas quais me apaixonei por você [Barack] é porque você é guiado pelo princípio de que somos guardiões dos irmãos e das irmãs uns dos outros, e foi assim que fui criada.

> — **"President Barcak Obama",**
> *The Michelle Obama Podcast,*
> **29 de julho de 2020**

Passamos por um período difícil, fizemos algumas coisas duras juntos, e então atravessamos a ponte.

> — **"Oprah and Michelle Obama: Your Life in Focus",**
> *Oprah's SuperSoul Conversations,*
> **12 de fevereiro de 2020**

Eu posso olhar para ele [Barack] e ainda reconhecer meu marido. Ele ainda é o homem por quem me apaixonei, que eu valorizo, respeito e confio. Ele tem sido um pai maravilhoso em meio a tanta coisa. Ele se destacou positivamente no mundo. Ele foi quem prometeu que seria para mim.

**— "Oprah's 2020 Vision Tour Visionaries:
Michelle Obama Interview",
12 de fevereiro de 2020**

CRIAÇÃO DAS FILHAS

As crianças copiarão o que veem em casa, e os valores que são ensinados em casa, assim, quer tenham muito ou pouco, elas ainda sabem no que seus pais acreditam e o que eles esperam.

— **"Meet the Author: Michelle Obama", Virgin, 11 de dezembro de 2018**

A regra número um é: mantenha a mamãe feliz.

— **Discurso de formatura na Universidade Tuskegee, 12 de maio de 2015**

Barack e eu fomos criados por famílias que não tinham muito dinheiro ou bens materiais, mas que nos deram algo muito mais valioso: amor incondicional. Sacrifício resoluto. E uma chance de chegar a lugares que eles nunca teriam imaginado para si mesmos.

— **Convenção Nacional Democrata, 4 de setembro de 2012**

Em primeiro lugar, você precisa de um companheiro que compartilha seus valores. (...) Criar filhos é um verbo. É uma coisa ativa, envolvente.

— "Oprah's 2020 Vision Tour Visionaries: Michelle Obama Interview", 12 de fevereiro de 2020

Eu dou muitos conselhos [a Malia e Sasha]. Elas estão de saco cheio de mim.

**— "Oprah's 2020 Vision Tour Visionaries:
Michelle Obama Interview",
12 de fevereiro de 2020**

Esteja Barack na Casa Branca ou em nossa casa, as meninas sempre serão o centro do nosso universo. Vamos garantir que elas estejam protegidas e que tenham algum nível de normalidade.

**— "American Girls: For Obama's daughters,
White House life isn't going to be normal",
The Chicago Tribune, 7 de novembro de 2008**

[As crianças] cresceram nessas circunstâncias estranhas. Eventos de campanha, pessoas torcendo e sorvete o tempo todo. Tentamos mantê-las equilibradas, por isso muito do que fizemos foi fingir, dizendo: "Isso é normal, isso é ótimo." E mantê-las em um caminho reto e nítido.

**— *The Late Show with Stephen Colbert*,
1º de dezembro de 2018**

Tivemos de ser pais criando esse casulo de normalidade em um mundo anormal bastante maluco.

— *Conan O'Brien Needs A Friend*, 17 de março de 2019

Eu vou tentar levá-las para a escola toda manhã — na medida do possível. (…) Gosto de ser uma presença na escola das minhas filhas. Eu quero conhecer a professora; quero conhecer os outros pais.

— "Michelle Obama to Grace Cover of Vogue Magazine", *The Washington Post*, 10 de fevereiro de 2009

Em meses alternados desde que tive filhos, lutei com a ideia de "Estou sendo uma boa mãe? Posso ficar em casa? Deveria ficar em casa? Como equilibrar tudo isso?" Todo ano eu volto a pensar se devia trabalhar.

— "Michelle Obama's Career Timeout", *The Washington Post*, 11 de maio de 2007

PARTE I: VIDA PESSOAL

Estou impressionada com as minhas filhas pela maneira como elas lidaram com tudo isso com equilíbrio e graça. Elas tiveram de desenvolver resiliência.

— *Conan O'Brien Needs a Friend*, 17 de março de 2019

A maternidade também me ensinou que minha tarefa não é abrir um caminho para elas em um esforço para eliminar toda as adversidades possíveis. Mas, em vez disso, preciso ser um lugar seguro e confiável para elas pousarem quando inevitavelmente falharem; e mostrar-lhes, muitas e muitas vezes, como se levantarem por conta própria.

— *Vogue*, 29 de julho de 2019

O que eu digo às minhas filhas: "A única coisa que posso fazer é lhes dar informação. A única coisa que posso fazer é modelar suas escolhas. E a única coisa que posso fazer é ajudá-las a compreender as consequências de suas escolhas, e depois tenho que estar com vocês quando fazem suas escolhas e lhes dar algum feedback."

— "First Lady: Nation's Health 'Starts With Our Kids'", *Talk of the Nation*, 12 de junho de 2012

Para dizer a verdade, somos chatos. Temos uma adolescente em casa e ela nos faz sentir inadequados todos os dias.

— *The Jimmy Kimmel Show*, **16 de novembro de 2018**

[A adolescência é] o período de nossas vidas em que estamos encontrando nossas próprias vozes e, pela primeira vez, tomando decisões independentes que nos ajudam a descobrir a pessoa que nos tornaremos. É por isso que esses anos podem ser confusos e estimulantes e arrasadores, tudo ao mesmo tempo.

— *Good Housekeeping*, **3 de dezembro de 2018**

Portanto, na minha opinião, nosso nível de conforto com nossa saúde sexual está diretamente ligado ao nosso bem-estar físico geral. E eu não quero que minhas filhas pensem que elas não podem fazer perguntas quando alguma coisa está errada.

— **"What Your Mother Never Told You About Health with Dr. Sharon Malone",** *The Michelle Obama Podcast*, **12 de agosto de 2020**

Agora estou no estágio em que minhas filhas estão me mostrando uma música, e dizem "Você não vai querer ouvir isso, mamãe. A linguagem é muito ruim." E eu digo: "O que você está fazendo ouvindo-a, então?"

> — "The First Daughters Shield Michelle Obama from Music with Bad Language", *The Tonight Show*, 3 de abril de 2015

Ser a mamãe em chefe é e sempre será o meu trabalho número um.

> — Discurso de formatura na Universidade Tuskegee, 12 de maio de 2015

O que estou dizendo é que a criação dos filhos ocupa muito espaço emocional, e, vocês sabem, meu marido estava ocupado sendo presidente, por isso não acho que ele compreendia quanto tempo e energia. (…) Eu dediquei muito tempo e energia à criação dessas meninas na Casa Branca, porque estávamos tentando tornar as vidas delas normais.

> — "Oprah's 2020 Vision Tour Visionaries: Michelle Obama Interview", 12 de fevereiro de 2020

Muitas mulheres se levantam antes do amanhecer para fazer exercícios ou aproveitar alguns minutos sozinhas antes que as crianças acordem. E eu gostaria de dar um grande abraço em todas essas mulheres e dizer-lhes que há milhões de mulheres como eu que passaram por isso — e estamos prontas para defendê-las.

— *Good Housekeeping*, 3 de dezembro de 2018

[Minha mãe] traçou o projeto para o modo como criei minhas próprias filhas.

— **Instagram, 8 de maio de 2020**

Há muitas abordagens diferentes que tentamos usar para normalizar a experiência [de Sasha e Malia]. Estabelecer para nossas filhas as mesmas expectativas que nossos pais tinham para nós. Você sabe, ajudando na casa. Não tomar suas vantagens por garantidas.

— **"Meet de Author: Michelle Obama", Virgin, 11 de dezembro de 2018**

Manter [Sasha e Malia] em escolas em que algum tipo de serviço comunitário obrigatório era parte do currículo sempre foi importante para mim.

— **"Meet the Author: Michelle Obama", Virgin, 11 de dezembro de 2018**

Em seu ano sabático, Malia passou três meses em um camping na Amazônia. Eu não queria que ela fizesse isso, mas achei que a experiência seria uma lição importante de resiliência para ela, simplesmente pelo desafio físico, saber que podia aguentar algo tão difícil e ficar longe de casa em um país diferente, aprendendo um idioma diferente. Por isso tive a coragem de deixá-la fazer isso, embora quisesse desesperadamente que ela apenas ficasse perto de casa.

— **"Meet the Author: Michelle Obama", Virgin, 11 de dezembro de 2018**

Sinto-me tão abençoada e tão contente. Tenho o que qualquer mãe desejaria. Tenho um marido que me ama, temos duas filhas saudáveis e felizes e eu não ousaria pedir mais nada.

— **"Behind-the-Scenes", ABC News, 8 de outubro de 2012**

AMIZADES E COMUNIDADE

Eu abandonarei a mim mesma mais depressa do que abandonarei meus amigos.

— "What Your Mother Never Told You About Health with Dr. Sharon Malone", *The Michelle Obama Podcast*, 12 de agosto de 2020

Sou uma pessoa sociável, por isso estar com bons amigos é sempre um bálsamo para mim. Na Casa Branca, uma das melhores coisas que eu podia fazer para mim mesma era convidar uma amiga para ir lá apenas para conversarmos.

— *Good Housekeeping*, 3 de dezembro de 2018

Eu acho que subestimamos o desejo que as pessoas têm de sentir uma conexão umas com as outras. Damos isso por certo.

> — **"Oprah's 2020 Vision Tour Visionaries: Michelle Obama Interview", 12 de fevereiro de 2020**

Gravitamos uns em direção aos outros quando vemos o melhor e o pior em nós mesmos, porque isso nos faz sentir humanos.

> — **"Oprah's 2020 Vision Tour Visionaries: Michelle Obama Interview", 12 de fevereiro de 2020**

Gosto muito de conversas casuais. (…) Gosto também do que podemos aprender parados em uma fila no supermercado ouvindo a conversa de outra pessoa, você sabe, observando suas interações com seu ente querido. Não sendo enxerido, mas observando e internalizando isso, compreendendo a vida e as interações que vêm.

> — *Conan O'Brien Needs A Friend*, **17 de março de 2019**

Mesmo em tempos difíceis, nossas histórias ajudam a cimentar nossos valores e a fortalecer nossas conexões. Compartilhá-las nos mostra o caminho a seguir.

> — **Instagram, 27 de abril de 2020**

Sempre somos mais fortes juntos.

— **Convenção Nacional Democrata, 25 de julho de 2016**

O clima atual menospreza a inteligência das pessoas. Pensamos que as pessoas não querem falar sobre livros e conversar sobre coisas profundas, sabe, ser realmente autorreflexivas.

— **"Oprah's 2020 Vision Tour Visionaries: Michelle Obama Interview", 12 de fevereiro de 2020**

Quando conseguimos sair das mais baixas profundezas emocionais e canalizamos nossas frustrações para estudar, nos organizar e nos unir, então podemos fortalecer a nós mesmos e a nossa comunidade. Podemos enfrentar aqueles problemas arraigados e juntos... juntos podemos superar qualquer coisa que se interponha em nosso caminho.

— **Discurso de formatura na Universidade Tuskegee, 12 de maio de 2015**

Por que eu deixei o direito corporativo e fui para o serviço comunitário? A verdade é que foi uma escolha egoísta. Eu fiquei mais feliz. Quando deixei aquela firma e comecei a trabalhar na cidade e sair pela comunidade mais ampla de Chicago e ver a interconexão desses bairros, me sentindo viva em meio à sujeira e à areia, ajudando as pessoas, eu nunca mais olhei para trás.

— **"President Barack Obama"**,
The Michelle Obama Podcast,
29 de julho de 2020

Um grupo de boas amigas proporciona uma boia salva-vidas sem igual.

— **"The Gift of Girlfriends with Danielle, Sharon, and Kelly"**, *The Michelle Obama Podcast*,
26 de agosto de 2020

A [música] é meu melhor relaxante na vida. Os momentos em que Barack e eu estamos mais relaxados são aqueles em que convidamos alguns amigos que conhecemos desde sempre para irem à nossa casa. E você acrescenta um pouco de música a isso? Um pouco de boa comida? Isso renova seu espírito para voltar ao jogo.

— *Vogue*, **11 de novembro de 2016**

Empatia. Isso é uma coisa sobre a qual tenho pensado muito ultimamente. (...) Se vemos pessoas sofrendo ou lutando, nós não as criticamos, nós tentamos ajudá-las. Porque "poderíamos estar nessa situação também, se não fosse a graça de Deus". Esse não é um conceito difícil de apreender.

— Convenção Nacional Democrata,
17 de agosto de 2020

Não podemos nos pôr em evidência para o mundo se não cuidarmos de nós mesmos primeiro.

— Instagram, 10 de agosto de 2020

Não importa como você tenha crescido, não importa como você define família, todos vocês têm alguém em sua vida que acreditou em vocês e os motivou.

— Discurso do banquete de formatura em West Point, 23 de maio de 2011

Sempre que tenho momentos de medo ou de ansiedade, tento encontrar maneiras de me conectar com outras pessoas. Eu posso telefonar para alguém que eu sei que está se esforçando e deixá-lo saber que estou pensando nele. Esse simples ato de estender a mão levanta meu espírito, também.

— *O, The Oprah Magazine*, **15 de abril de 2020**

Não é suficiente que eu vença sozinha. Eu tenho de me importar com o que acontece com a criança na carteira ao lado da minha na escola, porque ela é igualmente inteligente, mas sua mãe trabalha. E meu pai sempre nos ensinou a compreender a história de vida de todos, não julgar as pessoas.

— "President Barack Obama", *The Michelle Obama Podcast*, **29 de julho de 2020**

O problema é que não nos conhecemos uns aos outros, não damos entrada uns para os outros. E eu disse em [*Minha história*], é difícil odiar de perto. É mais fácil odiar quando você está odiando uma pessoa através de um filtro.

— *The Late Show with Stephen Colbert*,
1º de dezembro de 2018

Meu espírito se eleva quando estou me sentindo saudável, quando estou cercada por boas pessoas, sabe. Por isso tento me comunicar com minha família e com meus amigos. Mesmo neste tempo de quarentena, eu me esforcei para encontrar uma maneira de permanecer conectada com as pessoas em minha vida que me trazem alegria.

— "Protests and the Pandemic with Michelle Norris",
The Michelle Obama Podcast,
5 de agosto de 2020

Em um mundo incerto, valores comprovados pelo tempo, como honestidade e integridade, empatia e compaixão, essa é a única moeda corrente real na vida. Tratar as pessoas corretamente jamais lhes falhará.

— "Dear Class of 2020", discurso de formatura,
7 de junho de 2020

LIÇÕES DE VIDA

Se eu pudesse dizer alguma coisa ao meu eu mais jovem, seria para desacelerar e respirar fundo — você mereceu isso.

— **Instagram, 12 de fevereiro de 2020**

Aprendi que desde que eu me agarre firmemente às minhas crenças e valores e siga minha própria bússola moral, as únicas expectativas que preciso corresponder são as minhas.

— **Discurso de formatura na Universidade Tuskegee, 12 de maio de 2015**

Quando eu era criança, minha primeira boneca foi uma Barbie Malibu. Esse era o padrão de perfeição. Isso foi o que o mundo me disse para aspirar. Mas então descobri Maya Angelou, e as palavras dela abriram minha mente.

— **Elogio para Maya Angelou, 7 de junho de 2014**

Nós, mulheres não brancas, sabemos como fazer as coisas para nossas famílias, nossas comunidades e nosso país. Quando usamos as nossas vozes, as pessoas ouvem. Quando guiamos, as pessoas seguem. E quando fazemos isso juntas, não há como saber o que podemos realizar.

— **Instagram, 11 de setembro de 2018**

Quando encontrei pessoas que não acreditavam em mim, quando me diziam que eu não iria conseguir, eu não deixava que me detivessem — na verdade, fazia o oposto: usava esse negativismo para me alimentar, para continuar evoluindo.

— **Bell Multicultural High School, 12 de novembro de 2013**

Eu desperto toda manhã me perguntando como vou realizar esse próximo pequeno milagre de sobreviver ao dia.

— **"Michelle Obama Adds New Role to Balancing Act",** *The New York Times*, **18 de maio de 2007**

Isso é tudo o que a vida é, um bando de coisas dando errado.

— Sobre seu aborto e outros tópicos em suas memórias, "Best of: Becoming Michelle Obama", *2 Dope Queens*, 12 de março de 2019

Não sei vocês, mas como mãe, esposa, profissional, companheira de campanha, seja qual for a atividade, estou atolada. (...) As pessoas me diziam: "Você pode fazer tudo. Apenas continue fazendo isso até o fim, tenha uma formação acadêmica e você poderá educar uma criança, permanecer magra, ficar em forma, amar seu homem, ser atraente e educar crianças saudáveis." Isso era uma mentira.

— "It's all about priorities for Michelle Obama", *The Los Angeles Times*, 22 de agosto de 2007

O que muitas vezes enxergamos como uma fraqueza ou um fracasso geralmente é um ponto forte — ou uma reviravolta para algo melhor.

— Instagram, 30 de dezembro de 2019

Eu passei muito tempo lamentando e questionando e refletindo e pensei muito sobre tudo que meu pai havia feito por mim durante a sua vida. (...) Enquanto eu estava de luto, entendi que a melhor maneira para honrar a vida do meu pai era pelo modo como eu vivia minha própria vida.

— **Discurso de formatura na Virginia Tech, 14 de maio de 2012**

Minha mãe me ensinou sobretudo a ser uma boa ouvinte, a ser paciente, a usar o bom senso. Ela me ensinou a ter a mente aberta. E o que ela ainda faz por mim hoje é me dar quantidades intermináveis de tempo apenas para falar e falar e falar e falar; e ela está ali para ouvir. E às vezes isso é tudo de que precisamos.

— **The White House's Mother's Day Tea, 9 de maio de 2013**

E pensei comigo mesma: "Se eu morresse hoje, era aqui que eu gostaria de estar? E não foi só uma coisa. Foram algumas coisas que me fizeram recuar e dizer: "Muito bem, deixe de lado sua lista de metas. Agora você tem de se esforçar para pensar sobre quem você quer se tornar."

— **"Becoming, Part 1",** *All Things Considered,* **9 de novembro de 2018**

O processo de nos tornarmos quem verdadeiramente somos é contínuo, graças a Deus — porque qual seria a graça de acordar um dia e perceber que não resta lugar algum para onde ir?

— *Vogue*, 29 de julho de 2019

Esta é a minha história. Eu abraço todos os aspectos de quem sou porque, como disse, gosto de minha história. Gosto de todos os altos e baixos e das lombadas entre eles.

> — "Oprah's 2020 Vision Tour Visionaries:
> Michelle Obama Interview",
> 12 de fevereiro de 2020

Eu me dei conta de que se quisesse manter minha sanidade e não deixar que os outros me definissem, só havia uma coisa que eu podia fazer: ter fé no plano de Deus para mim. Eu preciso ignorar todo o ruído para ser verdadeira para comigo mesma, e o resto se resolveria. Assim, durante toda essa jornada, aprendi a afugentar tudo e me concentrar na minha verdade.

> — **Discurso de formatura na Universidade Tuskegee,**
> **12 de maio de 2015**

Eu queria viver minha vida com base no princípio de que daquele a quem muito é dado, muito é esperado.

> — **Discurso de formatura na Martin Luther King, Jr.**
> **Magnet High School, 18 de maio de 2013**

Títulos e prêmios vão e vêm, mas nossas vidas são realmente compostas dos pequenos momentos e conexões entre uns outros.

— *O, The Oprah Magazine*, **15 de abril de 2020**

Eu acho que as pessoas podem sentir o cheiro da inautenticidade, e se você não está confortável em sua própria pele, isso transparece.

— **"Michelle Obama on Childhood Fire Drills and Taming Barack Obama's Tardiness"**, *The Tonight Show*, **19 de dezembro de 2018**

Uma das lições com que cresci foi sempre me manter fiel a mim mesma e nunca deixar que o que alguma outra pessoa diz me distraísse de minhas metas. Então quando ouço falar sobre ataques negativos e falsos, eu realmente não invisto nenhuma energia neles, porque sei quem eu sou.

— *Marie Claire*, **22 de outubro de 2008**

Eu continuo, também, a me manter conectada com uma força que é maior e mais poderosa que qualquer eleição, ou líder, ou notícia — e trata-se do otimismo. Para mim, essa é uma forma de fé, um antídoto para o medo.

— *Minha história*, p. 420 da edição norte-americana, novembro de 2018

Aja com sua mente, mas também com seu coração.

— **Discurso de formatura na Universidade Tuskegee, 12 de maio de 2015**

É fácil liderar pelo medo. É fácil ser divisor. É fácil fazer as pessoas se sentirem amedrontadas. Essa é a coisa fácil, e é também uma atitude a curto prazo. Mas o que aprendi com meu marido, o que aprendi em oito anos na Casa Branca, é que esta vida, este mundo e nossa responsabilidade nele são muito maiores do que nós.

— "Oprah's 2020 Vision Tour Visionaries: Michelle Obama Interview", 12 de fevereiro de 2020

Se você me vir fazendo um discurso em um grande evento, em uma convenção, o meu pensamento enquanto me dirijo para o palco é "não caia, não tropece, não tropece, não caia". Não estou pensando na multidão. [Estou pensando] "não tropece, não vire um meme. Saia daqui em oito anos sem se tornar um meme."

— **"Best of: Becoming Michelle Obama",**
***2 Dopes Queens*, 12 de março de 2019**

É preciso ter coragem para compartilhar nossas histórias com o mundo. (...) Tornar-me vulnerável levou a algumas das conexões mais significativas da minha vida.

— **Instagram, 15 de maio de 2020**

Minha jornada me ensinou que, se permanecemos receptivos — se compartilhamos o que é importante para nós e ouvimos atentamente o que os outros compartilham sobre a própria vida —, encontramos nossa força, e encontramos nossa comunidade.

— Instagram, 4 de maio de 2020

Não podemos fazer essas coisas, e não se espera que façamos, não fomos feitos para fazer essa coisa chamada "viver em um vácuo". É muito mais esperançoso, é muito mais gratificante, muito mais eficaz viver esta vida como um "nós".

— **"President Barack Obama"**,
The Michelle Obama Podcast,
29 de julho de 2020

Sou uma pessoa comum que se encontrou em uma jornada extraordinária. Ao compartilhar minha história, espero criar espaço para outras histórias e outras vozes, ampliar o caminho para quem compartilha meus pertencimentos.

— *Minha história*, **p. 420-421 da edição norte-americana,
novembro de 2018**

Sua história é o que você tem, o que você sempre terá. É algo a possuir.

— *Minha história*, **p. xi da edição norte-americana,
novembro de 2018**

PARTE II
VIDA PÚBLICA
NÃO HÁ UMA MANEIRA CORRETA DE SER UM AMERICANO

ESTADOS UNIDOS: SUA POLÍTICA E SEU POVO

Não há uma maneira correta de ser um americano. Não há apenas uma maneira de oferecer sua contribuição para este país.

— **Instagram, 20 de dezembro de 2018**

Estamos aqui porque acreditamos em algumas verdades simples. Que o futuro de nenhuma criança deveria ser limitado por causa do bairro em que ela nasceu. Acreditamos que se você ficar doente nos Estados Unidos, deveria poder consultar um médico. Acreditamos que se você trabalha com afinco, deveria ganhar um salário decente e ter uma aposentadoria segura.

— **"Party Stars' Last Push to Democratic Faithful",** *The New York Times*, **1º de novembro de 2010**

EU ODEIO POLÍTICA.

— **Convenção Nacional Democrata, 17 de agosto de 2020**

Eu sou uma das poucas pessoas vivas hoje que puderam ver em primeira mão o imenso peso e o poder assombroso da presidência. E permitam que eu lhes diga mais uma vez: o trabalho é duro. Requer um julgamento lúcido, um domínio de questões complexas e rivais, uma devoção aos fatos e à história, uma bússola moral e uma capacidade de ouvir.

— **Convenção Nacional Democrata,**
17 de agosto de 2020

Ser presidente não muda quem você é, revela quem você é.

— **Convenção Nacional Democrata,**
17 de agosto de 2020

Eu tentei fazer da minha casa um lugar livre da conversa política. Eu não queria ser mais uma pessoa no ouvido dele dizendo "Você deveria fazer isso e não aquilo". Quer dizer, todas as pessoas no mundo pensam que podem instruir o presidente dos Estados Unidos.

— *The Late Show with Stephen Colbert,*
1º de dezembro de 2018

PARTE II: VIDA PÚBLICA

As crianças que nasceram nos últimos oito anos terão conhecido apenas um afro-americano na função de presidente dos Estados Unidos. Isso muda a visão de todas as nossas crianças, seja qual for sua raça, orientação sexual ou gênero. Expande o âmbito da oportunidade em suas mentes. E é aí que a mudança acontece.

— *Parade*, 15 de agosto de 2013

Primeiro tivemos de persuadir os negros. Porque os negros, como meus avós, eles nunca acreditaram que isso poderia acontecer. Eles queriam isso. Queriam isso para nós. Mas suas vidas tinham dito para eles: "Não. Nunca."

— *O, The Oprah Magazine*, dezembro de 2018

Homens falavam sobre o tamanho do meu traseiro, sabe, e há pessoas que me diziam que eu era raivosa. Essas coisas magoam, entende? E me fazem, de certa forma, me perguntar: o que essas pessoas estão vendo?

— "Oprah and Michelle Obama: Your Life in Focus", *Oprah's SuperSoul Conversations*, 12 de fevereiro de 2020

A vida política não foi a minha primeira escolha.

— "Michelle Obama on Keeping Marriage, Politics Separate", ABC News, 8 de outubro de 2012

Em primeiro lugar, eu quero que a nação se lembre de que fazemos isso. Que essa coisa de política e um monte de notícias que você lê, que isso é um jogo, sabe? E todo mundo está nele. E não é possível saber quem acredita no quê, mas muitas vezes as pessoas estão desempenhando um papel.

— *Conan O'Brien Needs A Friend*, **17 de março de 2019**

Acredito que se eu não estivesse casada com ele, gostaria que ele estivesse [na Casa Branca], por isso não quero atrapalhar.

— *"A Political Phenomenon"*, ***60 Minutes***, **25 de dezembro de 2008**

[A presidência] é realmente um trabalho duro, sério, que requer um nível de conhecimento de história e paciência. Você tem de ser um leitor e precisa ser alguém que sabe lidar com o estresse, e deve ser cuidadoso com as palavras que usa.

— *Conan O'Brien Needs A Friend*, **17 de março de 2019**

PARTE II: VIDA PÚBLICA

Houve dias, semanas e meses em que detestei política. E houve momentos em que a beleza deste país e seu povo me maravilhavam tanto que eu não conseguia falar.

— *Minha história*, p. xi da edição norte-americana, novembro de 2018

Quando estou com tempo livre, vou até a Target comprar papel higiênico, fico parada em campos de futebol… Penso que há um nível de conexão que é perdido ao passo que você vai mais longe no processo de se tornar um candidato.

— "The Other Obama", *The New Yorker*, 2 de março de 2008

O que aprendemos é que neste país existem pessoas decentes de todas as crenças. E quer elas concordem conosco ou não, quando estamos diante delas, em sua comunidade, elas eram amáveis, gentis e generosas. Elas refletiam os valores com o quais eu cresci.

— *The Late Show with Stephen Colbert*, 1º de dezembro de 2018

Você é julgado em sua comunidade porque não é negro o bastante, e depois você sai para o mundo, e é negro demais. E é um caminho estreito que todos nós percorremos como pessoas sub-representadas no mundo, porque as pessoas não estão acostumadas com a sua voz.

— "Becoming, Part 2", *All Things Considered*,
9 de novembro de 2018

O serviço, força e resiliência de nossos veteranos e suas famílias é uma das grandes inspirações da minha vida.

> — **Instagram, 12 de novembro de 2018**

Se em algum momento eu estiver me condoendo por mim mesma, ou me sentindo deprimida, passar algum tempo conversando com os homens e mulheres que são os cônjuges de nossos militares mostra que não há nenhum problema com que você não possa lidar, porque eles fazem tudo isso com graça e com dignidade. Eles não se queixam.

> — **"Michelle Obama & Dr. Jill Biden On Their Husbands' Bromance & More"**, *Entertainment Weekly*, 15 de dezembro de 2016

Não sabemos quem as pessoas são por dentro. Se não confiamos em seus instintos e não compreendemos de onde elas vêm, não podemos acompanhá-las, e é por isso que tentamos ser tão receptivos e nítidos sobre quem nós somos e como pensamos.

> — **"Wife Touts Obama's 'Moral Compass'"**, *The Washington Post*, 8 de maio de 2007

Compartilhando nossas histórias — nossas pequenas alegrias e lutas — podemos ver o que nos une.

— Instagram, 14 de março de 2019

É como quando você tem de dar os primeiros passos. (…) Você não começa com as questões mais difíceis, mais árduas, quando está tentando unir um grupo.

— "The Other Obama", *The New Yorker*, 2 de março de 2008

A capacidade de votar com liberdade, com justiça e com segurança é maior que qualquer questão, partido ou candidato.

Twitter, 21 de maio de 2020

A vida sobre a qual estou falando, a vida que a maioria das pessoas está vivendo, tem piorado progressivamente desde que eu era uma criancinha. (…) Por isso, se você quiser fingir que houve algum momento durante o último par de décadas em que suas vidas eram fáceis, então eu gostaria de conhecê-lo!

— "The Other Obama", *The New Yorker*, 2 de março de 2008

PARTE II: VIDA PÚBLICA

Sei que estou lidando com alguma forma de depressão branda, não apenas por causa da quarentena, mas por causa do conflito racial e por simplesmente ver esta administração. Observar sua hipocrisia todo santo dia é desanimador.

> — "**Protests and the Pandemic with Michele Norris**",
> *The Michelle Obama Podcast*,
> **5 de agosto de 2020**

Não importa o que eu ou você pensamos nesta altura, compete aos eleitores agora descobrir: que tipo de liderança moral exigimos na Casa Branca? Independentemente de partido, raça, gênero ou de onde você esteja, que imagem queremos que nosso presidente tenha? Como queremos que eles ajam? E se votamos por um conjunto de comportamentos, então isso é obviamente o que queremos, até que votemos diferente.

> — *The Late Show with Stephen Colbert*,
> **1º de dezembro de 2018**

Às vezes a verdade transcende o partido.

> — **Twitter, 18 de junho de 2018**

As pessoas que votam determinam a direção do país em que vão viver e temos de conviver com isso agora. Portanto a questão é: o que vamos fazer em seguida?

— *The Late Show with Stephen Colbert*,
1º de dezembro de 2018

Crescemos com mensagens que nos dizem que há somente uma maneira de ser americano — que se nossa pele é escura e nossos quadris são largos, se não experimentamos o amor de uma maneira específica, se falamos outra língua ou viemos de outro país, então não pertencemos. Isto é, até que alguém ouse começar a contar essa história de uma maneira diferente.

— *Minha história*, p. 415 da edição norte-americana,
novembro de 2018

Hoje em dia, pode ser difícil sentir-se com os pés no chão ou esperançoso — mas as conexões que fiz com pessoas por toda parte nos Estados Unidos e ao redor do mundo me lembram que a empatia pode ser verdadeiramente uma boia salva-vidas.

— **Twitter, 27 de abril de 2020**

A CASA BRANCA

Se você não consegue administrar sua própria casa, não consegue administrar a Casa Branca.

— "Michelle Obama: Did She or Didn't She?", *The New York Times*, **21 de agosto de 2007**

É importante que os jovens, em particular nossas crianças, crianças de todas as origens e todas as raças, e todas as classes socioeconômicas, sintam que elas têm um lugar na casa da Nação. E para isso, é preciso fazer coisas que as levem a se sentir confortáveis também. Se for dançar hip-hop, bem, vamos fazer isso, sabe? Se for uma festa do pijama no gramado sul com as bandeirantes, então vamos fazer isso. (...) Vamos dar um pouco de vida a esta casa.

— "The Final Interview With the Obamas (Full Interview)", PeopleTV, **20 de dezembro de 2016**

Nós não aparecemos simplesmente na Casa Branca, entende? Eu sou Michelle do lado sul de Chicago, cresci em uma casinha pequenina. Tenho roupas bonitas e joias agora, mas minha mãe fazia minhas roupas, sabe?

— "Oprah's 2020 Vision Tour Visionaries: Michelle Obama Interview", 12 de fevereiro de 2020

Eu me dei conta de que nosso tempo na Casa Branca constituiria a base de quem elas se tornariam. E o nosso sucesso em administrar essa experiência poderia verdadeiramente construí-las ou destruí-las. Barack e eu pensamos nisso todos os dias enquanto tentamos guiar e proteger nossas meninas através dos desafios dessa vida incomum no centro das atenções.

— **Convenção Nacional Democrata, 25 de julho de 2016**

Serei sempre grata pela oportunidade que viver na Casa Branca significou para nós, mas provavelmente não será surpresa para ninguém me ouvir dizer que, às vezes, era um verdadeiro desafio acompanhar o ritmo. Lançamos projetos, atravessamos o país para eventos de campanha, visitamos comunidades que estavam sofrendo por causa de um tornado ou um tiroteio insensato — por vezes tudo isso em um período de dois ou três dias.

— *Good Housekeeping*, **3 de dezembro de 2018**

Eu não perco o sono por causa disso, porque a realidade é que, você sabe, como um homem negro, Barack pode levar um tiro em um posto de gasolina. Você não pode tomar decisões com base no medo e no que poderia acontecer. Nós simplesmente não fomos criados dessa maneira.

— Sobre se ela teme que a presidência torne Barack um alvo para a violência, "A Political Phenomenon", *60 Minutes,* **25 de dezembro de 2008**

A pressão estava sobre todos. Não podíamos nos permitir cometer um erro, não podíamos nos permitir parecer arrogantes. Tínhamos de tomar cuidado com nossa linguagem. E também sabíamos que tudo que dizíamos... pensávamos como isso seria visto por crianças, não apenas nossas filhas, mas todas as crianças do país. Sabíamos que éramos a bússola moral.

— *The Late Show with Stephen Colbert,* **1º de dezembro de 2018**

Barack e eu estávamos quitando nosso crédito estudantil até pouquíssimo tempo atrás. Tivemos sorte por ele ter tido um par de livros best-sellers. (...) Mas não tivemos origens privilegiadas. Nós dois sabemos o que é lutar e trabalhar arduamente, e não estamos muito distantes de famílias que estão fazendo tudo o que podem para acompanhar os preços cada vez mais altos.

— *Marie Claire,* **22 de outubro de 2008**

Queríamos mudar um pouquinho as coisas aqui na Casa Branca. Queríamos realmente escancarar as portas para um grupo de pessoas diferentes que em geral não têm acesso a este lugar. Queríamos também pôr em destaque todos os tipos de arte americana — todas as formas de arte; pinturas, música, cultura — especialmente formas de arte que nunca foram vistas nestas paredes.

— Workshop "Hamilton and the White House",
14 de março de 2016

Lin-Manuel [Miranda] subiu no palco no Salão Leste, entre os grandes retratos de George e Martha Washington, e apresentou a canção "Alexander Hamilton", que, como todos vocês sabem, é o número de abertura desse maravilhoso musical. E, é claro, ficamos todos de queixo caído. Provavelmente há fotos de nós sentados boquiabertos, perguntando: "Quem é esse cara? Do que ele é capaz?"

— Workshop "Hamilton at the White House",
14 de março de 2016

Hamilton é uma história maravilhosa e lindamente contada. Através de *Hamilton*, Lin-Manuel [Miranda] revela todo o drama, a glória, o sofrimento que percorre a história de nossa nação. E ele nos mostra que os ícones em nossos livros de história eram pessoas reais com brilho real, mas também com defeitos reais. Assim, *Hamilton* nos ensina história da maneira como ela deveria ser ensinada.

— Workshop "Hamilton at the White House",
14 de março de 2016

Quando você não está envolvido nas batalhas do dia a dia que todo mundo sente, você lentamente começa a perder o tato. E eu penso que é importante para as pessoas na Casa Branca ter um dedo no pulso.

Vogue, 11 de novembro de 2016

Claramente as decisões da carreira de Barack estão nos conduzindo. Elas não são minhas; isso é óbvio. Estou casada com o presidente dos Estados Unidos. Não tenho outro trabalho, e seria problemático se eu tivesse.

— "The Obamas' Marriage", *The New York Times*, 26 de outubro de 2009

Lembraremos pelo resto de nossas vidas das nossas viagens em família. Elas não são férias normais de família e essas experiências com certeza nos uniram de uma maneira que não aconteceria se não estivéssemos aqui.

— "The Final Interview With the Obamas (Full Interview)", PeopleTV, 20 de dezembro de 2016

Eu sei que sempre tive um grande compromisso com minha saúde. Mas nos anos passados na Casa Branca descobri que estava mais desesperada para me agarrar a essa parte de mim mesma.

— "What Your Mother Never Told You About Health with Dr. Sharon Malone", *The Michelle Obama Podcast*, 12 de agosto de 2020

Esta é a primeira vez em um muito tempo em nosso casamento que vivemos sete dias por semana na mesma casa com o mesmo horário, com a mesma rotina. Para mim, isso foi um alívio maior do que eu poderia imaginar.

> — "The Obamas' Marriage", *The New York Times*, 26 de outubro de 2009

Eu raramente piso na Ala Oeste. De fato, as pessoas ficam chocadas quando me veem lá. Mas eu raramente entro naquele escritório, porque ele tem tantos conselheiros maravilhosos. Eu não tenho a expertise e o tempo necessário para ser capaz de fornecer o tipo de aconselhamento e orientação que ele já está recebendo.

> — "Michelle Obama on Keeping Marriage, Politics Separate", ABC News, 8 de outubro de 2012

Acredito que, para Barack, é como ter alguém que é como o irmão mais velho nesta jornada, alguém que ele respeita e admira. Escolher Joe e os Bidens como nossos companheiros nesta jornada foi a melhor decisão que Barack tomou como presidente dos Estados Unidos. De verdade.

> — "Michelle Obama & Dr. Jill Biden On Their Husbands' Bromance & More", *Entertainment Weekly*, 15 de dezembro de 2016

Quando Barack chega em casa, ele diz: "Almocei com Joe hoje", e há verdadeira alegria nisso.

> — "**Michelle Obama & Dr. Jill Biden On Their Husbands' Bromance & More**", *Entertainment Weekly*, 15 de dezembro de 2016

Sim, o trabalho leva consigo seus estresses, sem dúvida. (…) Quando você sente essa carga, realmente tem de se apoiar na normalidade e no amor de sua família. Penso que provavelmente alguns dos melhores momentos para Barack ocorreram quando ele podia subir naquele elevador, chegar ao segundo andar, sentar-se à mesa de jantar e não ter ninguém preocupado com nada do que ele fazia. De maneira alguma. Quero dizer, literalmente. Apenas conversava, falava indiretamente. "Oh, por falar nisso, papai. Ah, sim, o que você fez hoje?"

> — "**The Final Interview With the Obamas (Full Interview)**", PeopleTV, 20 de dezembro de 2016

Acho que refletir é muito importante. A verdade é que na última década não houve tempo para sequer pensar sobre o que simplesmente nos acontecia.

> — *The Jimmy Kimmel Show*, **16 de novembro de 2018**

PARTE II: VIDA PÚBLICA

A liberdade que vamos ganhar em troca dos privilégios e luxos, você sabe... Sete anos e meio, isso é muito luxo. Eu posso fazer meu próprio sanduíche de queijo grelhado, posso fazer um maravilhoso sanduíche de queijo grelhado.

— *"Carpool Karaoke", The Late Show with James Corden*, **21 de julho de 2016**

Estamos nos encontrando um no outro novamente. Temos jantares sozinhos e momentos em que somos somente nós — o que éramos quando começamos nossa história: nada de filhos, nada de publicidade, nada de nada. Somente nós e nossos sonhos.

— *People*, **26 de novembro de 2018**

O PAPEL DE PRIMEIRA-DAMA

Quando você é o primeiro de qualquer coisa, o nível de exigência parece mais alto. Você tem a impressão de que não tem espaço para cometer erros.

— *The Late Show with Stephen Colbert,*
1º de dezembro de 2018

Não há nenhum manual para novas primeiras-damas dos Estados Unidos. (…) É um estranho tipo de *sidecar* para a presidência, um assento que havia sido ocupado por mais de quarenta e três diferentes mulheres antes de eu chegar, e cada uma das quais o fizera da sua própria maneira.

— *Minha história*, p. 283 da edição norte-americana,
novembro de 2018

PARTE II: VIDA PÚBLICA

Meu Deus, quem pode se sentar aqui e dizer: "Estou pronto para ser presidente e primeira-dama"?

— **"Michelle Obama Adds New Role to Balancing Act"**, *The New York Times*, **18 de maio de 2007**

Eu ainda não tive tempo para recuar completamente e refletir sobre meu papel como a primeira [primeira-dama] afro-americana. Quero apenas assegurar que estou fazendo um bom trabalho.

— **"Michelle Obama on Keeping Marriage, Politics Separate"**, **ABC News, 8 de outubro de 2012**

Eu carregava uma história comigo, e ela não era a de presidentes ou primeiras-damas. Nunca me relacionei com a história de John Quincy Adams da maneira como o fiz com a de Sojourner Truth, ou me comovi com Woodrow Wilson da maneira como o fizera com Harriet Tubman. As lutas de Rosa Parks e Coretta Scott King me eram mais familiares do que as de Eleanor Roosevelt ou Mamie Eisenhower. Eu carregava suas histórias, juntamente com as de minha mãe e avós. (...) Eu queria aparecer no mundo de uma maneira que honrasse quem elas eram.

— *Minha história*, **p. 365-366 da edição norte-americana, novembro de 2018**

Minha visão sobre essa questão é que eu estou apenas tentando ser eu mesma, ser tão autêntica quanto posso ser. Não posso fingir ser outra pessoa.

— "Michelle Obama's Career Timeout",
The Washington Post, 11 de maio de 2007

Eu detesto olhar para mim mesma, detesto ouvir minha voz, detesto me ver em vídeo, porque estou constantemente julgando a mim mesma, tal como todos os demais.

— "Oprah and Michelle Obama: Your Life in Focus",
Oprah's SuperSoul Conversations, 12 de fevereiro de 2020

Eu acho que sou uma primeira-dama melhor quando sou Michelle do que quando sou alguma outra pessoa em uma revista.

— "The First Lady's First Year", *The Washington Post*,
18 de janeiro de 2010

Quando se é primeira-dama, a América se mostra para você em seus extremos.

— *Minha história*, p. x da edição norte-americana,
novembro de 2018

PARTE II: VIDA PÚBLICA

Eu fiquei contida e empolgada por ser primeira-dama, mas nem por um segundo pensei que estaria deslizando para algum papel glamoroso, fácil. Ninguém que tenha as palavras "primeira" e "negra" associadas a si jamais o faria.

— *Minha história*, p. 284 da edição norte-americana, novembro de 2018

Eleanor Roosevelt é um de meus ídolos. Ela é provavelmente uma das maiores primeiras-damas que já viveram, com seu engajamento ativo neste país e a capacidade de mudar normas um jeito tão importante.

— *Cooking Light*, 6 de fevereiro de 2015

Eu mantive um código para mim mesma, porém, em relação a falar em público sobre qualquer assunto ou qualquer pessoa na esfera política: eu dizia apenas o que eu com certeza acreditava e o que eu com certeza sentia.

— *Minha história*, p. 407 da edição norte-americana, novembro de 2018

Tenho uma conta no Instagram e uma conta no Twitter, obviamente, mas para utilizá-las preciso de permissão… da minha equipe. Eles não confiam em mim nesse quesito.

— *The Jimmy Kimmel Show*, 16 de novembro de 2018

A maneira como Barack e eu nos comportávamos em face da instabilidade importava. Nós compreendíamos que representávamos a nação e éramos obrigados a dar um passo à frente e a estar presentes quando havia uma tragédia, ou adversidade, ou confusão. Parte do nosso papel, tal como o compreendíamos, era ser um modelo de razão, compaixão e coerência.

— *Minha história*, p. 343 da edição norte-americana, novembro de 2018

PARTE II: VIDA PÚBLICA

Por muitas vezes em minha vida eu me vi como a única mulher não branca — ou até como a única mulher, ponto — sentada a uma mesa de conferência ou presente em uma reunião de diretoria ou socializando em uma reunião VIP ou outra. Se fui a primeira em alguns desses eventos, quis assegurar que no fim eu não fosse a única — que outras viriam depois de mim.

— *Minha história*, **p. 355 da edição norte-americana, novembro de 2018**

Quando éramos anfitriões de um evento, eu queria que pessoas comuns comparecessem, não apenas aquelas acostumadas a vestir trajes black-tie. E eu queria mais crianças em volta, porque crianças tornam tudo melhor.

— *Minha história*, **p. 310 da edição norte-americana, novembro de 2018**

Eu me senti muito no papel de uma mãe para a nação. Tipo, eu tenho de estar preparada. Não é hora de eu lamber minhas feridas, porque temos coisas a fazer aqui.

— **Sobre experimentar sofrimento durante seu tempo como primeira-dama,** *Conan O'Brien Needs A Friend*, **17 de março de 2019**

Eu precisava demonstrar para a nação que dava conta do trabalho. Eu trabalho arduamente e com inteligência, permita-me apenas mostrar. E no fim tenho de contar com o fato de que o que eu produzo me definirá. E assim é isso que significa sair por cima. No fim, não procure vingança, não alimente ressentimento. Apenas faça o seu trabalho.

— *Conan O'Brien Needs A Friend*, **17 de março de 2019**

Claro que tenho orgulho do meu país. Em nenhum lugar senão nos Estados Unidos a minha história poderia ser possível.

— **"Michelle Obama Shows Her Warmer Side on 'The View'"**, *The New York Times*, **19 de junho de 2008**

Eu levo o que digo para as crianças muito a sério. Quando estou com jovens, quero que eles percebam que eu os estou vendo. É importante para eles saberem que uma pessoa tão famosa e com tanta visibilidade pensa que eles são bonitos, inteligentes, amáveis e bons. E isso tem sentido.

— **"Oprah's 2020 Vision Tour Visionaries: Michelle Obama Interview"**, **12 de fevereiro de 2020**

"LET'S MOVE!" E SAÚDE DAS CRIANÇAS

Raramente na história deste país encontramos um problema de tamanha magnitude e consequência que é tão eminentemente solucionável. Então, em vez de apenas falar sobre essa questão, ou temer e torcer nossas mãos por causa dela, nós decidimos agir.

— *American Grown: The Story of the White House Kitchen Garden and Gardens Across America*, p. 178, maio de 2012

Não se trata de uma questão de centímetros e quilos ou da aparência que têm nossas crianças. Trata-se de como nossas crianças se sentem e de como se sentem a respeito de si mesmas.

— "First Lady Michelle Obama: '*Let's move!*' and work on childhood obesity problem", *The Washington Post*, 10 de fevereiro de 2010

Nunca conheci um único pai ou mãe que não compreenda a ameaça da obesidade para a saúde deles e de seus filhos. E eles estão à procura de soluções.

— *"Let's Move!" Food Marketing*,
18 de setembro de 2013

Eu não quero que nossas crianças vivam vidas medíocres porque deixamos de dar um passo adiante hoje. Não quero que elas olhem para trás daqui a décadas e perguntem: "Por que vocês não nos ajudaram quando tiveram chance? Por que não nos puseram em primeiro lugar quando isso mais importava?"

— "First Lady Michelle Obama: '*Let's move!*' and work on childhood obesity problem", *The Washington Post*,
10 de fevereiro de 2010

Nós subestimamos isso, mas minha meta pessoal é estar viva quando eu tiver 80, 90 anos de idade. Quero ser capaz de trabalhar. Quero ser capaz de ir até um templo ou ruína sozinha e ver o mundo. E eu só posso fazer isso se investir em minha saúde agora.

— *Cooking Light*, 6 de fevereiro de 2015

Desde o início eu soube que almejava que crianças desempenhassem um papel importante na criação e desenvolvimento de nossa horta, queria particularmente incluir crianças locais que nunca tinham sonhado em visitar a Casa Branca, apesar de morarem na mesma cidade.

— *American Grown: The Story of the White House Kitchen Garden and Gardens Across America*, p. 54, maio de 2012

Eu sabia também que eu queria que essa nova horta da Casa Branca fosse uma "horta de aprendizagem", um lugar onde as pessoas pudessem ter uma experiência prática de cuidar do solo, e crianças que nunca tinham visto uma planta brotar pudessem lançar sementes e mudas que iriam se enraizar. E eu queria que elas voltassem para a colheita e pudessem ver e provar as frutas — e verduras — de seus labores.

— *American Grown: The Story of the White House Kitchen Garden and Gardens Across America*, p. 10, maio de 2012

Finalmente nos decidimos por um lugar na beirada dos fundos do Gramado Sul que podia ser visto facilmente de fora do portão da Casa Branca. Isso era importante para mim, porque eu queria que essa fosse a horta do povo, assim como a Casa Branca é a "casa do povo". Eu queria que as pessoas que estivessem apenas passando por ali fossem capazes de compartilhar parte do que estávamos fazendo e cultivando.

> — *American Grown: The Story of the White House Kitchen Garden and Gardens Across America*, p. 31, maio de 2012

Na verdade, a igualdade é uma parte decisiva da mensagem do dia de plantar. Estamos todos sujos de terra. Qualquer pessoa presente pode ajudar a cavar. Não há nenhuma hierarquia, nenhum chefe e nenhum vencedor. É quase impossível cometer erros. Deixamos claro que jardinagem não é uma questão de perfeição.

> — *American Grown: The Story of the White House Kitchen Garden and Gardens Across America*, p. 54, maio de 2012

Sem que ninguém esperasse, nossa horta tornou-se uma horta comunitária, conectando pessoas de diferentes origens, idades e condições sociais. Todos nós participamos de seu cultivo e de seu sucesso; e aqui nessa horta, cada um de nós, à nossa própria maneira, foi capaz de criar raízes.

— *American Grown: The Story of the White House Kitchen Garden and Gardens Across America*, p. 86-87, maio de 2012

Eu sempre acreditei que as crianças aprendem mais quando estão com menos medo de cometer erros e têm o apoio de que precisam para tentar, e fracassar, e tentar de novo.

— *American Grown: The Story of the White House Kitchen Garden and Gardens Across America*, **p. 55, maio de 2012**

Quando envolvemos crianças na colheita de nossas hortas — quando lhes ensinamos sobre de onde vem a comida, como prepará-la e como cultivá-la — elas colhem os benefícios bem mais adiante no futuro.

— *American Grown: The Story of the White House Kitchen Garden and Gardens Across America*, **p. 137, maio de 2012**

Brincamos com bambolês e fizemos flexões no gramado da Casa Branca. Eu saltei corda dupla e fiz uma corrida de obstáculos de caixas de papelão carregando jarras de água. Fiz corrida de saco de batata com o comediante Jimmy Fallon. Cheguei até a dançar "the Dougie" ao som de Beyoncé com um grupo de estudantes. Mas há um método em minha loucura. Sabemos que como pais somos os primeiros e melhores exemplos de nossas crianças, e eu quero que as crianças vejam que há diversas maneiras de ser ativo.

— *American Grown: The Story of the White House Kitchen Garden and Gardens Across America*, **p. 199, maio de 2012**

PARTE II: VIDA PÚBLICA

Isso é o que grandes companhias americanas fazem. Elas agem com ousadia, elas inovam, correm riscos. E lembrem-se: "ser ecológico" ou levar sua empresa para o mercado digital eram iniciativas consideradas como arriscadas. Mas, ao longo da história, as companhias que viram para onde o futuro apontava e deram esse salto foram recompensadas.

— *"Let's Move!" Food Marketing*,
18 de setembro de 2013

Embora nossa meta fosse ambiciosa, a ideia por trás de *"Let's Move!"* era muito simples: todos nós — pais e professores; médicos e treinadores; empresários, religiosos e comunitários; e outros — temos um papel a desempenhar ajudando nossas crianças a levar uma vida mais saudável.

— *American Grown: The Story of the White House Kitchen Garden and Gardens Across America*,
p. 178, maio de 2012

Tenho a esperança de que a história de nossa horta — e as histórias de hortas por toda parte nos Estados Unidos — inspire famílias, escolas e comunidades a fazerem suas próprias tentativas na horticultura e desfrutarem todos os benefícios de saúde, descoberta e conexão que uma horta pode proporcionar.

— *American Grown: The Story of the White House Kitchen Garden and Gardens Across America*,
p. 19, maio de 2012

As primeiras sementes que plantamos em nossa horta ajudaram a iniciar uma conversa que se desenvolveu em um movimento de âmbito nacional em que pessoas espalhadas por todo país se uniram para enfrentar o desafio da obesidade infantil. E juntos, com determinação e criatividade, começamos a construir a base para uma geração e uma nação mais saudável.

— *American Grown: The Story of the White House Kitchen Garden and Gardens Across America*, p. 165, maio de 2012

Então eu pensei que uma horta no quintal da Casa Branca seria uma maneira maravilhosa de iniciar uma conversa sobre os alimentos que damos às nossas crianças e sua saúde geral.

— "First Lady: Nation's Health 'Starts With Our Kids'", *Talk of the Nation*, 12 de junho de 2012

As pessoas simplesmente não eram capazes de ser críticas de suas próprias crianças. (...) Por isso sabíamos que se fôssemos combater essa questão, teríamos de mudar a perspectiva cultural com relação ao problema como um todo.

— *Variety*, 23 de agosto de 2016

O resultado final é muito simples: como pais, sempre damos prioridade aos interesses de nossos filhos. (…) E quando tomamos decisões sobre a saúde de nossas crianças, confiamos em médicos e especialistas que podem nos dar informação precisa baseada em ciência sólida. Nossos líderes em Washington deveriam fazer a mesma coisa.

— "The Campaign for Junk Food", *The New York Times*, 28 de maio de 2014

Você vê a luta das pessoas como próximas e se imbui delas. E o que você vê no local é muitas vezes o primeiro indicador do que está acontecendo a nível nacional.

— "Michelle Obama talks to mayors about her initiative to combat childhood obesity", *The Washington Post*, 21 de janeiro de 2010

Não se trata de fazer o relógio voltar ao tempo em que éramos crianças ou de preparar refeições de cinco pratos a partir do zero todas as noites. Ninguém tem tempo para isso. E não se trata de ser 100% perfeita durante 100% do tempo. Deus sabe que não sou. Há um lugar para biscoitos e sorvetes, hambúrgueres e batatas fritas — isso é parte da graça da infância.

— "First Lady Michelle Obama: *'Let's Move!'* and work on childhood obesity problem", *The Washington Post*, 10 de fevereiro de 2010

Muitas crianças não compreendem que comida é combustível de uma maneira muito fundamental. E às vezes elas não ouvem os adultos, e não ouvem a primeira-dama. Mas muitas delas vão ouvir vocês [outras crianças], porque vocês são a prova viva dessa realidade.

— **Kid's State Dinner, 10 de julho de 2015**

No fim das contas, se quisermos resolver esse problema [da obesidade infantil] de verdade, precisamos fazer com que nossas crianças realmente queiram comer essas opções mais saudáveis. E eu digo isso não apenas como uma primeira-dama que vem trabalhando sobre essa questão nos últimos três anos e meio; digo isso como uma mãe que tem trabalhado arduamente para educar duas meninas.

— *"Let's Move!" Food Marketing*,
18 de setembro de 2013

Desde o tempo em que nossos filhos ainda estão usando fraldas, nós, como pais, já estamos travando uma árdua batalha para levá-los a se interessar pelos alimentos que realmente os nutrirão e os ajudarão a crescer.

— *"Let's Move!" Food Marketing*,
18 de setembro de 2013

PARTE II: VIDA PÚBLICA

Tanto como mãe quanto como primeira-dama, fiquei alarmada por notícias de índices de obesidade infantil elevadíssimos e as consequências calamitosas para a saúde de nossas crianças. E eu esperava que esta horta ajudasse a iniciar uma conversa sobre essa questão — uma conversa sobre a comida que comemos, a vida que levamos e como tudo isso afeta nossas crianças.

> — *American Grown: The Story of the White House Kitchen Garden and Gardens Across America*, **p. 9, maio de 2012**

De fato, sempre que convidamos crianças para nos ajudar a fazer a colheita da horta, fico impressionada com seu entusiasmo, diligência e foco.

> — *American Grown: The Story of the White House Kitchen Garden and Gardens Across America*, **p. 123, maio de 2012**

Não precisamos esperar que alguma nova invenção ou descoberta faça isso acontecer. Isso não requer instrumentos ou tecnologia sofisticados. Temos tudo de que precisamos agora mesmo. A única questão é termos ou não a vontade.

— "Michelle Obama talks to mayors about her iniciative to combat childhood obesity", *The Washington Post*, 21 de janeiro de 2010

PARTE II: VIDA PÚBLICA

Na horta da Casa Branca, queremos que as crianças testemunhem toda a jornada de seu alimento, do solo à mesa. Então, em nossa primeira colheita de outono, nós as convidamos para a cozinha da Casa Branca, onde elas ajudaram a preparar uma refeição de frango grelhado, salada, arroz integral, feijão e bolinhos de mel. Não sabíamos se as crianças iriam gostar das verduras, mas elas devoraram a salada e pediram mais.

— *American Grown: The Story of the White House Kitchen Garden and Gardens Across America,*
p. 125, maio de 2012

Quer sejam algumas plantas no quintal ou no parapeito, uma pequena horta perto do centro da cidade, ou um vasto terreno com safras até onde a vista alcança, ano após ano, estação após estação, hortas aproximam indivíduos e comunidades.

— *American Grown: The Story of the White House Kitchen Garden and Gardens Across America,*
p. 213, maio de 2012

Sabemos também que precisamos atacar esse problema de todos os ângulos, porque podemos servir às crianças os melhores almoços escolares imagináveis, mas se não houver nenhum supermercado em sua comunidade e elas não tiverem alimentos nutritivos em casa, elas ainda não terão uma dieta saudável. Podemos construir supermercados novinhos em folha em cada quarteirão, mas se os pais não tiverem a informação de que precisam, eles ainda terão dificuldade para fazer escolhas saudáveis para seus filhos. E se as crianças não forem ativas, não importa quão bem as alimentemos, elas ainda não estarão levando vidas saudáveis.

— *American Grown: The Story of the White House Kitchen Garden and Gardens Across America*, p. 178-180, maio de 2012

Eu queria assegurar que era uma horta de aprendizagem. Por isso, trabalhamos com crianças de escolas locais que vinham e nos ajudavam a fazer tudo, desde escavar o solo e fazer o primeiro plantio até colher e comer a recompensa.

— "First Lady: Nation's Health 'Starts With Our Kids'", *Talk of the Nation*, 12 de junho de 2012

Eu sei que muitos outros pais tiveram uma experiência semelhante. Queremos comprar comida saudável, mas às vezes pode ser difícil encontrar — e ter condições para comprar — produtos que são bons para nossas crianças e que sejam gostosos também. É por isso que por meio do "*Let's Move!*" estamos trabalhando com empresas e organizações em todos os Estados Unidos para dar aos pais a informação e as oportunidades de que precisam para fazer escolhas mais saudáveis para suas famílias.

— *American Grown: The Story of the White House Kitchen Garden and Gardens Across America*, p. 182, maio de 2012

É uma questão de justiça social. Todas as crianças neste país, todas as pessoas neste país, deveriam ter acesso a boa comida.

— "**First Lady Michelle Obama: '*Let's move!*' and work on childhood obesity problem**", *The Washington Post*, 10 de fevereiro de 2010

PARTE III
VISÃO DE MUNDO

UM MUNDO MELHOR É SEMPRE POSSÍVEL

FAZENDO MUDANÇA

Um mundo mais solidário, mais justo e mais amoroso é sempre possível.

— Twitter, 26 de junho de 2020

Queremos que nossas crianças — e todas as crianças desta nação — saibam que o único limite para o tamanho de suas realizações é o alcance de seus sonhos e sua disposição de lutar por elas.

— Convenção Nacional Democrata, 25 de agosto de 2008

Não importa que tipo de vida você quer construir para você mesmo, as matérias-primas já estão dentro de você.

— Instagram, 18 de setembro de 2018

Se você se sente injustiçado pelo mundo, saiba que estou torcendo para que você tenha sucesso e alcance seu pleno potencial.

— Instagram, 23 de julho de 2019

Uma coisa que eu sei é que cabe a nós estar presentes uns para os outros — especialmente aqueles que frequentemente se sentem menosprezados —, porque quando alguém mostra interesse genuíno pelo seu crescimento e desenvolvimento, isso pode fazer toda a diferença no mundo.

— Instagram, 6 de março de 2019

As coisas ficam melhores quando pessoas comuns entram em ação para fazer a mudança acontecer de baixo para cima. Todos os momentos históricos importantes em nosso tempo foram realizados por pessoas que disseram "Basta", e se uniram para fazer este país avançar — e este é um desses momentos.

— "Michelle Obama's family tree has roots in a Carolina slave plantation", The Chicago Tribune, 1º de dezembro de 2008

É assim que você pode concluir o trabalho que outras gerações iniciaram antes de você: permanecendo receptivo e esperançoso, mesmo em tempos difíceis. Mesmo em meio a desconforto e dor.

— Twitter, 7 de junho de 2020

Acredito que cada um de nós — seja qual for a idade, origem ou condição social — tem alguma contribuição a dar para a vida desta nação.

> **— Convenção Nacional Democrata,
> 25 de agosto de 2008**

Talento e ambição não conhecem nenhuma distinção de raça, nacionalidade, fortuna ou fama.

> **— Discurso de formatura no City College of New York,
> 3 de junho de 2016**

A raiva é uma força poderosa. Pode ser uma força útil, mas se não for controlada, irá apenas corroer, destruir e semear o caos dentro e fora. Mas quando a raiva é concentrada, quando é canalizada para algo maior, isso é o que muda a história.

> **— "Dear Class of 2020", discurso de formatura,
> 7 de junho de 2020**

O primeiro passo para fazer uma mudança duradoura é compreender as melhores e mais eficazes rotas para realizá-la.

> **— Instagram, 13 de junho de 2020**

Eu nunca tive medo de ser um pouco boba, e é possível cativar as pessoas dessa maneira. Minha ideia é: primeiro você faz as pessoas rirem, depois, ouvirem. Por isso estou sempre disposta para uma boa piada.

— *Variety*, 23 de agosto de 2016

Não podemos permitir que nosso sofrimento e frustração façam com que nos voltemos uns contra os outros ou anulem o ponto de vista de outra pessoa se não concordamos com todos os pormenores de sua abordagem. Esse tipo de pensamento apenas nos divide e nos distrai de nossa vocação mais elevada. É um entrave na roda do progresso.

— **"Dear Class of 2020", discurso de formatura, 7 de junho de 2020**

Talento e esforço, combinados com nossas diferentes origens e experiências de vida, sempre foram a força vital de nosso singular gênio americano.

— **Discurso de formatura no City College of New York, 3 de junho de 2016**

Quando alguma coisa não lhe for favorável, você precisa apenas se ajustar. Você tem de cavar fundo e trabalhar como um louco. E é aí que você descobrirá do que realmente é feito.

— Discurso de formatura na Martin Luther King, Jr. Magnet High School, 18 de maio de 2013

Suas maiores realizações nunca virão com facilidade, e nunca serão realizadas sozinhas.

— Discurso no banquete de formatura em West Point, 23 de maio de 2011

Acho tão fácil e preguiçoso comandar pelo medo. É muito mais difícil comandar com esperança.

— *The Late Show with Stephen Colbert,* **1º de dezembro de 2018**

Meu objetivo neste planeta não é apenas cuidar de meu próprio pequenino ego. Há um objetivo maior para mim lá fora. Então, quando eu reajo a alguma coisa, tenho de pensar sobre essa luz que estou tentando fazer brilhar. Que tipo de exemplo estou tentando ser?

— "Oprah's 2020 Vision Tour Visionaries: Michelle Obama Interview", 12 de fevereiro de 2020

Por meio do trabalho, podemos nos curar.

> — **Discurso de formatura na Virginia Tech,**
> **14 de maio de 2012**

Nossa grandeza vem quando apreciamos os pontos fortes uns dos outros, quando aprendemos uns com os outros, quando nos apoiamos uns nos outros.

> — **Discurso de formatura no City College of New York,**
> **3 de junho de 2016**

Porque eu não quero que vocês pensem que estão acabados quando têm um problema. Acredito que essa é a mensagem. Se eu sou perfeita, então quando você não é, o que é inevitável, você pensa que está fracassando. E não é isso, você está apenas vivendo a vida.

> — "Best of: Becoming Michelle Obama",
> *2 Dope Queens*, 12 de março de 2019

Decida usar seu privilégio e sua voz para as coisas que realmente importam. (...) Compartilhe essa voz com o resto do mundo. Para aqueles que se sentem invisíveis, por favor saibam que sua história importa. Suas ideias importam. Suas experiências importam. Sua visão do que o mundo pode e deve ser importa.

— "Dear Class of 2020", discurso de formatura, 7 de junho de 2020

Sua história importa — mas se você não vê isso, é provável que ninguém mais veja também.

— Instagram, 25 de fevereiro de 2019

Não importa o caminho que você escolha, quero que você tenha certeza de que é você que o está escolhendo, e não outra pessoa.

— Discurso de formatura na Universidade Tuskegee, 12 de maio de 2015

Se isso não vai solucionar um problema, se não vai mover a agulha, então você não está se elevando — está apenas sendo egoísta.

— "Oprah and Michelle Obama: Your Life in Focus", *Oprah's SuperSoul Conversations*, **12 de fevereiro de 2020**

Lembre-se de sempre permanecer aberto a novas experiências e nunca deixar os céticos serem um obstáculo.

— Instagram, 19 de dezembro de 2018

PARTE III: VISÃO DE MUNDO

Todos nós somos impelidos por uma crença simples de que o mundo como ele é simplesmente não basta — de que temos uma obrigação de lutar por um mundo tal como ele deveria ser.

— **Convenção Nacional Democrata, 25 de agosto de 2008**

A história é feita pelas pessoas que aparecem para a luta, mesmo quando elas sabem que talvez não venham a ser inteiramente reconhecidas por sua contribuição.

— *Harper's Bazaar,* **22 de junho de 2020**

Para muitos, a TV e os filmes podem ser a única maneira pela qual eles compreendem pessoas que não são como eles. Torna-se importante para o mundo vermos diferentes imagens uns dos outros, de modo que possamos desenvolver empatia e compreensão.

— *Variety,* **23 de agosto de 2016**

Não é quem está na Casa Branca. Não é quem é a primeira-dama. Você pode oferecer ajuda, mas depois que dá às pessoas essa informação, e as ajuda a compreender que elas têm o poder de fazer a mudança, então a mudança realmente acontece.

— *Variety,* **23 de agosto de 2016**

Como mães, irmãs, amigas e mentoras, todas nós desempenhamos um papel importante ajudando nossos meninos e rapazes negros a realizar seu ilimitado potencial.

— **Twitter, 22 de fevereiro de 2019**

Detesto quando pessoas que são objeto da atenção pública e até buscam a atenção pública dizem: "Bem, não sou um exemplo porque não quero essa responsabilidade." Tarde demais. Você é. (…) E não quero que jovens olhem para mim aqui e agora como Michelle Obama e pensem: "Bem, ela nunca enfrentou dificuldades. Ela nunca teve desafios; ela nunca teve medos."

— *O, The Oprah Magazine*, **dezembro de 2018**

Fico feliz de compartilhar minha história, se isso ajuda.

— **"Michelle Obama says her brother is still their mother's favorite",** *Good Morning America,* **13 de novembro de 2018**

Muitas vezes, nos concentramos no que eu chamo de nossas "estatísticas". Qual escola você frequentou? Qual é a sua ocupação? Mas a verdade é que para realmente conhecer as pessoas, temos de ir fundo nessas histórias. Eu sentia que se eu quisesse que as pessoas me conhecessem, eu tinha de compartilhar tudo. (…) E essa é realmente a maneira como eu vivo a minha vida.

— "Meet the Author: Michelle Obama", Virgin, 11 de dezembro de 2018

Percebo agora que o livro de memórias e a turnê de divulgação foram realmente diferentes de tudo que eu já tinha feito antes. Eu não estava promovendo uma política ou angariando votos; eu estava lá fora, sozinha, falando sobre meus sentimentos e vulnerabilidades.

— *People*, 4 de dezembro de 2019

Estou deixando minha marca na esperança de que meus netos experimentem algo melhor do que eu experimentei, assim como meus mais pais estabeleceram marcadores de modo que minha vida fosse melhor que as deles. Não consertamos as coisas durante uma existência.

— "Becoming, Part 2", *All Things Considered*, 9 de novembro de 2018

DESIGUALDADE E INJUSTIÇA

Ainda que a história nunca tenha sido reparada e os negros tenham tido de marchar e lutar por cada centímetro de nossa liberdade, nossa história não deixa de ser uma história de progresso.

— **Instagram, 19 de junho de 2020**

Se queremos continuar fazendo progresso em questões como justiça racial, precisamos estar dispostos a iniciar conversas difíceis — especialmente com as pessoas que amamos.

— **Instagram, 27 de julho de 2020**

Minha experiência em Princeton me tornou mais consciente de minha "negritude" do que nunca. Sejam quais forem as circunstâncias em que eu interajo com brancos em Princeton, muitas vezes parece que, para eles, eu serei sempre negra em primeiro lugar e uma estudante em segundo.

— **"Michelle, Meritocracy and Me",** *The Washington Post*, **20 de julho de 2008**

PARTE III: VISÃO DE MUNDO

Sempre haverá pessoas que fazem suposições sobre você baseadas em coisas superficiais como de onde você vem ou o que você está vestindo ou sua aparência. Sempre haverá pessoas que julgam você com base em apenas uma coisa que você diz ou faz, pessoas que definem você com base em um único incidente isolado.

— **Discurso de formatura na Virginia Tech, 14 de maio de 2012**

Quando eu sou apenas uma mulher negra, noto que os brancos sequer me veem. Eles não estão nem olhando para mim.

— **"The Gift of Girlfriends with Danielle, Sharon and Kelly",**
The Michelle Obama Podcast,
26 de agosto de 2020

Eu me lembro de todos eles, cada um que me incentivou, fazendo o melhor possível para me inocular contra as esnobadas e indignidades que eu certamente encontraria nos lugares para onde me dirigia — todos aqueles ambientes construídos basicamente para e por pessoas que não eram nem negras nem mulheres.

Minha história, **p. 355 da edição norte-americana, novembro de 2018**

Tínhamos tido incidentes indo aos subúrbios — Park Forest — que eram inteiramente brancos e escrevo sobre o incidente em que alguém arranhou o carro de meu pai porque éramos pessoas pretas na vizinhança.

— **"President Barack Obama"**,
The Michelle Obama Podcast,
29 de julho de 2020

Há uma máxima antiga na comunidade negra: você tem de ser duas vezes mais rápido para percorrer metade do caminho. Como a primeira família afro-americana na Casa Branca, estávamos sendo vistos como representantes de nossa raça. Nós sabíamos que qualquer erro ou lapso de julgamento seria ampliado, lido como algo maior do que era.

— *Minha história*, p. 295 da edição norte-americana,
novembro de 2018

Abrir os olhos para mais uma história de um homem negro ou uma pessoa negra sendo de alguma maneira desumanizados ou feridos ou mortos ou falsamente acusados de alguma coisa é exaustivo. E isso levou a um peso que não sentia em minha vida há um tempo.

— **"Protests and the Pandemic with Michele Norris"**,
The Michelle Obama Podcast,
5 de agosto de 2020

Sair por cima não significa pôr um sorriso no rosto e dizer coisas amáveis quando confrontado por maldade e crueldade. Sair por cima significa tomar o caminho mais difícil, significa arranhar e agarrar nosso caminho até o topo da montanha. Sair por cima significa resistir ferozmente ao ódio.

— Convenção Nacional Democrata, 17 de agosto de 2020

Todas essas crianças não estariam nas ruas se não estivessem ouvindo algo que fizesse a visão dessas mortes ou o conhecimento dessas mortes intoleráveis para elas, fazendo com que elas estejam nas ruas à custa de sua saúde no meio de uma pandemia. Isso é forte.

> — **"Protests and the Pandemic with Michelle Norris"**,
> *The Michelle Obama Podcast*,
> **5 de agosto de 2020**

Quando se trata de todas aquelas histórias exemplares de trabalho árduo e autodeterminação que gostamos de contar para nós mesmos acerca dos Estados Unidos, bem, a realidade é muito mais complicada do que isso. Porque, para um grande número de pessoas neste país, não importa o quão duro elas trabalhem, há barreiras estruturais agindo contra elas que simplesmente tornam a estrada mais longa e mais perigosa.

> — **"Dear Class of 2020"**, discurso de formatura,
> **7 de junho de 2020**

Não é a sua circunstância que define o seu futuro — é a sua atitude. (…) Você decide como vai reagir quando alguma coisa não surge no seu caminho.

> — **Bell Multicultural High School**,
> **12 de novembro de 2013**

PARTE III: VISÃO DE MUNDO

Como primeira-dama, tive a oportunidade de entrar em contato com crianças que viviam em comunidades negligenciadas — crianças que lutavam todos os dias apenas para permanecer vivas. E o que vi nessas crianças foi tanta determinação, coragem e promessa quanto em qualquer criança que vive em áreas mais abastadas. Isso é algo que eu espero que mais pessoas reconheçam, que crianças que crescem em ambientes mais duros têm habilidades e experiências com que muitos de seus pares simplesmente não podem competir.

— *The National*, **Amtrak, agosto/setembro de 2019**

Essa é a história deste país. (…) A história de gerações de pessoas que sentiram o açoite da escravidão, a vergonha da servidão, a tormenta da segregação, mas persistiram batalhando e esperando e fazendo o que precisava ser feito para que hoje eu acorde todas as manhãs em uma casa construída por americanos escravizados. E eu observo minhas filhas, duas lindas jovens negras, inteligentes, brincando com seus cães no gramado da Casa Branca.

— **Convenção Nacional Democrata, 25 de julho de 2016**

Se esperamos algum dia superar [o racismo], as pessoas não brancas não podem ser as únicas responsáveis por lidar com isso. Compete a todos nós — negros, brancos, todos — por mais bem--intencionados que nos consideremos, fazer o trabalho honesto e desconfortável de arrancá-lo pela raiz.

— Instagram, 29 de maio de 2020

Contudo, houve momentos durante esta quarentena em que simplesmente me senti deprimida demais. Sabe, passei por esses altos e baixos que acho que todo mundo sente, em que você simplesmente não se reconhece.

> — "**Protests and the Pandemic with Michele Norris**",
> *The Michelle Obama Podcast*,
> **5 de agosto de 2020**

O que verdadeiramente torna nosso país grandioso é sua diversidade. Eu vi essa beleza de várias maneiras ao longo dos anos. Quer tenhamos nascido aqui ou busquemos refúgio aqui, há um lugar para todos nós. Devemos lembrar de que não é minha América ou sua América. É nossa América.

> — **Twitter, 19 de junho de 2019**

APOIO A MULHERES E MENINAS

Sabemos que quando damos a meninas uma chance de aprender, elas a agarram. E quando elas o fazem, todo o nosso mundo se beneficia.

— **Instagram**, 5 de setembro de 2019

Se queremos que nossas filhas sonhem grande, nós, como mulheres, temos de examinar nossos sentimentos e descobrir que lutas são compensadoras para nossas crianças.

— **Instagram**, 5 de maio de 2018

Cabe a nós, como mães e figuras maternas, dar às meninas em nossas vidas o tipo de apoio que mantém sua chama acessa e eleva suas vozes — não necessariamente com nossas próprias palavras, mas deixando que elas mesmas encontrem as palavras.

— *People*, 27 de maio de 2019

Quando me levanto e pratico uma atividade física, estou me exercitando tanto para minhas meninas quanto para mim, porque quero que elas me vejam como uma mãe que as ama muito, que investe nelas, mas que também investe em si mesma. É como mostrar para essas jovens mulheres que não há problema em colocar a si mesma em uma posição um pouco mais elevada em sua lista de prioridades.

— *Prevention Magazine*, março de 2012

Criar meninas fortes não tem a ver apenas com o que fazemos como mulheres — tem a ver com os exemplos que os homens de suas vidas estabelecem, também.

— Twitter, 16 de junho de 2019

[Meus pais] não esperavam de mim a mesma coisa que esperavam de meu irmão, mas nos tratavam como iguais, o que eu penso que desempenhou um grande papel para eu me tornar uma mulher poderosa com uma voz poderosa. Eu estava acostumada a ser respeitada em minha casa, por isso saí para o mundo e esperava esse mesmo tratamento dos outros.

— "Meet the Author: Michelle Obama", Virgin, 11 de dezembro de 2018

Quero assegurar que os homens compreendam a importância de exemplos masculinos na vida de uma menina forte.

> — "**Michelle Obama says her brother is still their mother's favorite**",
> *Good Morning America*,
> 13 de novembro de 2018

Para uma menina, ter homens fortes em sua vida, como eu tive, um pai que me amava, um irmão que me adorava e tinha carinho por mim, tornou-me mais forte.

> — "**Michelle Obama says her brother is still their mother's favorite**",
> *Good Morning America*,
> 13 de novembro de 2018

E eu tenho de estar consciente do que eu digo e como eu digo, porque, se você quer convencer alguém... se você é uma mulher e está irritada demais, as pessoas param de ouvir o que você tem a dizer. Elas não lhe dão ouvidos.

> — "**Best of: Becoming Michelle Obama**",
> *2 Dope Queens*, 12 de março de 2019

Sabe, é claro que meus pais nos amavam, mas minha mãe dizia: "Há um montão de outras crianças que eram tão inteligentes quanto você, mas a diferença entre sucesso e fracasso quando você é uma mulher, quando você é uma minoria, é realmente pequena."

— **"Best of: Becoming Michelle Obama",**
2 Dope Queens, **12 de março de 2019**

Bem, você sabe, começa com a rememoração daqueles tempos em que me diziam que eu não podia fazer algo antes que qualquer pessoa soubesse coisa alguma sobre mim.

— **"Best of: Becoming Michelle Obama",**
2 Dope Queens, **12 de março de 2019**

Poucas coisas me inspiram tanto quanto ver o potencial de meninas adolescentes no mundo todo.

— **Twitter, 11 de outubro de 2018**

Há mais de 62 milhões de meninas no mundo todo que não estão na escola — meninas cujas famílias pensam não serem dignas de uma educação, ou que não têm como pagá-la. (…) Meninas como Malala Yousafzai, que são agredidas, sequestradas ou mortas apenas por tentar aprender. E isso não é apenas uma perda arrasadora para essas meninas, é uma perda arrasadora para todos nós que estamos abrindo mão de um futuro promissor.

— **"*Let Girls Learn*" in London,
16 de junho de 2015**

Se essas dez mulheres podem suportar ameaças de morte, uma violência horripilante e anos atrás das grades para defender aquilo em que acreditam, então seguramente nossos jovens podem encontrar uma maneira de defender aquilo em que acreditam.

— **Sobre as dez condecoradas na International Women of Courage Award Cerimony, 8 de março de 2012**

Quando considerarmos vozes [de meninas] como iguais, quando verdadeiramente as ouvirmos e apreciarmos o que dizem, elas se sentirão mais fortalecidas para se abrirem com o restante do mundo, também.

— **Instagram, 10 de maio de 2019**

PARTE III: VISÃO DE MUNDO

Sem dúvida, as mulheres estão sob muita pressão, mas penso que é importante lembrar que, para ter boa aparência, você tem de se sentir bem. Eu olho para minha mãe aos 74 anos e vejo como ela parece bonita e como ela é maravilhosa com minhas filhas, comigo e com meu marido — e eu quero isso para mim quando tiver a idade dela.

— *Prevention Magazine*, **março de 2012**

Acredito que toda menina no planeta merece o mesmo tipo de oportunidades que tive — uma chance de realizar seu potencial e perseguir seus sonhos.

— **Instagram, 5 de setembro de 2019**

A PRÓXIMA GERAÇÃO

Quando falamos sobre o potencial de nossos jovens, muitas vezes pensamos nele como uma promessa distante, anos ou décadas à frente. Mas a verdade é que eles têm muito a nos oferecer agora mesmo.

— **Instagram, 1º de agosto de 2019**

Quando penso nos problemas enfrentados pela nossa nação, penso sobre o que isso significa para minhas meninas, e penso sobre o que isso significa para o mundo que estamos deixando para elas e para todas as nossas crianças.

— **"Michelle Obama Hits Campaign Trail With Soft-Sell Message",** *The New York Times*, **13 de outubro de 2010**

Somos seres curiosos, criativos. Mas é também o trabalho de pais, professores e membros da comunidade manter essa centelha da curiosidade viva. Porque as crianças sabem qual é o problema. Elas sabem quando os adultos em torno delas assumem o fracasso como uma conclusão previamente determinada. Um comentário ofensivo, um ar de indiferença, essas coisas se acumulam. E elas podem causar um dano real para o desejo de aprender de um jovem.

— *The National*, **Amtrak, agosto/setembro de 2019**

Devemos confrontar ideias e suposições erradas e ultrapassadas de que apenas certos jovens merecem ser educados, de que as meninas não são tão capazes quanto os meninos, de que alguns jovens são menos merecedores de oportunidades por causa de sua religião, deficiência, etnia ou classe socioeconômica. Porque vimos inúmeras vezes que é possível encontrar potencial em alguns dos lugares mais improváveis.

— **"The age of youth: Traveling abroad, First Lady Michelle Obama makes kids Topic 1",** *The Washington Post*, **15 de abril de 2010**

Se algum de vocês está assustado ou confuso ou irritado ou simplesmente perplexo com tudo isso, se você tem a impressão de estar procurando uma boia salva-vidas apenas para se firmar, você não está sozinho.

— **"Dear Class of 2020", discurso de formatura, 7 de junho de 2020**

Nunca fique envergonhado por essas lutas. Você nunca deveria ver seus desafios como uma desvantagem. Em vez disso, é importante que compreenda que sua experiência encarando e superando a adversidade é realmente uma de suas maiores vantagens.

**— Discurso de formatura no City College of New York,
3 de junho de 2016**

As pessoas só podem definir você se você permitir. No fim das contas, cabe a cada um de nós nos definirmos. Cabe a nós inventar nosso próprio futuro com as escolhas que fazemos e as ações que empreendemos.

**— Discurso de formatura na Virginia Tech,
14 de maio de 2012**

Estudos mostram que esses tipos de habilidades — habilidades como força, determinação, otimismo e resiliência — podem ser tão importantes quanto sua pontuação em testes ou suas notas.

**— Bell Multicultural High School,
12 de novembro de 2013**

Eu não estou dizendo que notas não são importantes, estou dizendo apenas que elas são menos importantes do que aquilo que você aprende e aquilo de que você é feito.

— Discurso de formatura na Martin Luther King, Jr. Magnet High School, 18 de maio de 2013

E embora [meus bisavós] não tenham vivido para ver isso, consigo imaginar o sorriso em seus rostos ao saber que suas bisnetas acabaram brincando de bola nos salões da Casa Branca — uma magnífica estrutura construída por americanos escravizados.

— **Instagram, 19 de junho de 2020**

Crianças não vêm para este mundo aborrecidas e racistas, cínicas e misóginas. Elas chegam aqui puras e receptivas. Nós lhes ensinamos todas essas coisas.

— ***The Late Show with Stephen Colbert*****, 1º de dezembro de 2018**

É isso que estamos discutindo. Não é sobre democrata ou republicano, esquerda ou direita, não, nesta eleição, e em todas as eleições, trata-se de quem terá o poder de moldar nossas crianças pelos próximos quatro ou oito anos de suas vidas.

— **Convenção Nacional Democrata, 25 de julho de 2016**

Nossa grandeza nunca, jamais veio de relaxarmos e nos sentirmos com direito ao que temos. (...) Nossa grandeza sempre veio de pessoas que não esperam nada e não dão nada por certo, pessoas que trabalham duro pelo que têm e então retornam e ajudam outros depois deles.

> — **Discurso de formatura no City College of New York, 3 de junho de 2016**

Eu adoro ver como a Geração Z é criativa e confiante, especialmente as meninas. Elas são muito mais francas e empolgadas do que as meninas da minha época. Elas não cedem terreno tão rapidamente para os meninos ou aceitam tratamento diferente, e isso é fantástico. A tecnologia sempre permitiu que toda a geração delas aprendesse e experimentasse muito mais rápido,

> — *The National*, **Amtrak, agosto/setembro de 2019**

Os jovens têm um papel especialmente importante a desempenhar. Nós precisamos deles à mesa para realmente fazer este país avançar.

> — **Instagram, 12 de maio de 2020**

Se quisermos dar a todas as nossas crianças uma base para seus sonhos e oportunidades dignas de seu futuro promissor, se lhes quisermos dar aquela sensação de possibilidade ilimitada, aquela crença de que aqui na América há sempre algo melhor a ser conquistado se você estiver disposto a batalhar para isso, então devemos trabalhar como nunca.

— **Convenção Nacional Democrata,
4 de setembro de 2012**

Nós ajudamos a mudar a cultura com relação ao modo como nossas crianças comem e ao modo como nós nos exercitamos. Estamos vendo os índices de aprovação na faculdade e no ensino médio se elevarem.

— **"The Final Interview With the Obamas
(Full Interview)", PeopleTV,
20 de dezembro de 2016**

Estamos criando uma oportunidade para que esses jovens líderes se conectem à internet, aprendam, obtenham recursos, sejam treinados, conversem entre si, interajam.

— **"Best of: Becoming Michelle Obama",
2 Dope Queens, 12 de março de 2019**

Temos de sentir aquele otimismo. Pelas crianças. (...) O progresso não é feito por meio do medo. Estamos experimentando isso agora mesmo. O medo é a maneira covarde de liderança. Mas as crianças nasceram neste mundo com um sentido de esperança e otimismo.

— *O, The Oprah Magazine*, dezembro de 2018

Vocês são o nosso futuro, e vocês têm um presidente e uma primeira-dama que morrem de amor por vocês. Gostamos de vocês como se fossem nossos filhos e queremos o melhor para sua vida. Queremos entregar a vocês o melhor que este país e este mundo têm para oferecer. E depois esperamos que vocês façam grandes coisas com isso.

— **Workshop "Hamilton at the White House",
14 de março de 2016**

Vimos recentemente que a jovem e diversificada América... ainda está aqui, ainda é esperançosa, ainda está nos deslumbrando.

— **Instagram, 7 de julho de 2020**

Esta foi a parte mais impactante do último ano — conversar com todos os tipos de jovens sobre como as coisas que julgamos serem nossos defeitos são usualmente nossos pontos fortes. O simples fato de compartilhar nossos medos e vulnerabilidades nos ajuda a abraçar nossas histórias e a reconhecer em que medida as compartilhamos uns com os outros.

— *People*, **4 de dezembro de 2019**

Levante-se, sacuda a poeira e continue evoluindo em meio à dor. Mantenha-se evoluindo.

— **Discurso de formatura no City College of New York,**
3 de junho de 2016

Minha história pode ser a sua história. Os detalhes podem ser um pouco diferentes, mas deixe-me lhe dizer: grande parte dos desafios e dos triunfos serão exatamente os mesmos.

— **Bell Multicultural High School,**
12 de novembro de 2013

MOMENTOS MARCANTES

1964

- Michelle La Vaughn Robinson nasceu em 17 de janeiro em Chicago, Illinois, filha de Marian Robinson e Fraser Robinson III. Marian trabalha como secretária na Spiegel, uma companhia de catálogos que vende roupas femininas, porém mais tarde decide ficar em casa para tomar conta de seus filhos, Michelle e Craig, o mais velho. Fraser é um bombeiro municipal que é forçado a se tornar um chefe de zona eleitoral democrata para avançar em sua carreira. Ele tem esclerose múltipla, o que torna sua mobilidade cada vez mais difícil — Anda com uma bengala quando Michelle é jovem, o que progride para uma muleta na época em que ela termina a escola primária.

- Michelle cresce no lado sul de Chicago, em um pequeno apartamento no andar de cima de um bangalô na costa sul. Ela dorme em um quarto compartilhado com Craig, que é tão próximo dela em idade — apenas 21 meses mais velho —que as crianças chegam a ser confundidas com gêmeos.

- Os Robinsons são uma família unida e amorosa que conversa abertamente com as crianças sobre tópicos adultos. Música é uma parte central da vida familiar, e Michelle gosta de ouvir a enorme coleção de jazz de seu pai. As refeições da família são em geral feitas em casa, e sua avó assegura que haja pelo menos dois legumes em cada prato. As conversas durante o jantar são marcadas por animados debates e muito humor. Michelle atribui à sua criação o mérito de lhe ter ensinado o valor de se importar com a comunidade, trabalhar com afinco, compartilhar histórias e receber uma educação.

- Os Robinsons ensinaram Michelle e seu irmão a ler aos quatro anos, e os dois pularam a segunda série. Michelle prosseguiu para estudar em um programa para crianças superdotadas para a sexta série, onde ela pode estudar francês e ter aulas avançadas de biologia.

1981

- Michelle se forma como oradora da turma na Whitney M. Young Magnet High School para crianças superdotadas em Chicago. Batizada com o nome de um líder dos direitos civis, é a primeira escola ímã na cidade, fundada em 1975 como parte do esforço da prefeitura para obedecer à decisão da Suprema Corte de dessegregar escolas públicas. A escola fica a uma hora de distância da casa dos Robinsons de ônibus, um percurso que Michelle faz duas vezes por dia para ir e voltar da escola.

- Michelle, que sente o peso dos sacrifícios de seus pais e avós para investir em sua educação, leva a escola a sério e se esforça para obter notas altas e prêmios. Durante o tempo em que cursou o ensino médio, ela se torna um membro da Sociedade de Honra Nacional, serve como tesoureira do conselho estudantil e é aceita para a primeira escola que escolhe, a Universidade Princeton, onde Craig já está matriculado.

- Uma aluna de faculdade de primeira geração (seus pais haviam ambos se matriculado em faculdades comunitárias, mas não completaram seus cursos), Michelle foi posta em um programa de orientação precoce em Princeton para ajudar estudantes de baixa renda e de minorias a se preparar para a vida universitária. Em última análise, contudo, é uma adaptação difícil na escola, onde o corpo estudantil é formado em sua maior parte por homens abastados e brancos.

- No primeiro ano de Michelle, foram designadas para ela duas companheiras de quarto, ambas brancas. Uma delas logo se transferiu para um quarto de solteira, mas Michelle só soube mais tarde que isso aconteceu porque a mãe da estudante ficou contrariada porque uma companheira de quarto negra tinha sido designada para sua filha.

1985

- Michelle se forma *cum laude* pela Universidade Princeton com um bacharelado em sociologia e uma matéria secundária em estudos afro-americanos. Em sua monografia, "Negros educados em Princeton e a comunidade negra", ela escreve que seu tempo na escola a tornou mais consciente de sua raça do que nunca.

- Enquanto está em Princeton, ela é membro da Organização da Unidade Negra e assistente do Centro do Terceiro Mundo, que Michelle chama de "mal-nomeado, mas bem-intencionado", proporcionando um lugar caloroso e acolhedor para estudantes de minorias se conectarem e receberem apoio. Ela cria também um programa de leitura depois da escola para crianças.

- Michelle se matricula na Escola de Direito de Harvard.

1988

- Michelle é contemplada com seu Juris Doctor pela Escola de Direito de Harvard. Durante o tempo que passou na instituição de ensino, ela participa de demonstrações para promover a diversidade no campus e aumentar a matrícula de estudantes de minorias. Durante todo o seu tempo na escola de direito, ela trabalha no Legal Aid Bureau de Harvard, fornecendo assistência jurídica àqueles incapazes de pagar por advogados, e ingressa no Black Law Students Association para levar oradores ao campus e elucidar questões legais, além de oferecer orientação de carreira a estudantes.

- Depois de se formar, ela começa a trabalhar como uma advogada associada especializada em propriedade intelectual e marketing na Sidley Austin, em Chicago.

1989

- Michelle é designada para orientar Barack Obama, um associado de verão e um dos únicos outros advogados negros na firma. A firma os emparelha em parte porque Barack é um estudante de primeiro ano na Escola de Direito de Harvard, a *alma mater* de Michelle. Michelle desconfia dele antes que ele chegue, cansada do alvoroço de seus colegas com o novo estagiário, e quando ele aparece com atraso para a primeira reunião, ela fica irritada. Mas gosta dele à medida que se conhecem. Barack convida Michelle para sair diversas vezes, mas ela recusa, temendo que uma relação com ele poderia ser — como ela diz mais tarde — "cafona", ou complicar o trabalho dos dois. Depois que Barack se dispõe a deixar o seu emprego para que ela saia com ele, ela concorda com um encontro.
- Em seu primeiro encontro, o casal assiste a *Faça a coisa certa* de Spike Lee. Em frente a uma sorveteria Baskin-Robbins eles dão o primeiro beijo. Michelle descreve isso como o momento em que ela soube que a relação ficaria séria.

1991

- O pai de Michelle, Fraser Robinson III, morre aos 55 anos.
- Após a morte de seu pai, Michelle reavalia sua carreira no direito corporativo. Querendo honrar os valores de seus pais e realizar o trabalho que considera mais

compensador, ela se dedica a servir a comunidades e bairros. Continua a realizar serviço público durante toda a sua carreira.

- Estimulada por seu amor à sua cidade natal, Michelle assume um cargo como assistente do prefeito de Chicago Richard M. Daley. Ali, trabalha com Valerie Jarrett, que apresenta a Barack. Jarrett viria a ser uma das conselheiras sêniores de Barack e um elemento importante de sua administração presidencial.
- Depois de algum tempo no gabinete do prefeito, Michelle se torna comissária assistente de planejamento e desenvolvimento na prefeitura de Chicago.
- Michelle e Barack ficam noivos.

1992

- Em 3 de outubro, Michelle e Barcak se casam na Trinity United Church of Christ em Chicago. Eles recitam seus próprios votos e dançam sua primeira dança casados ao som de "You and I", de Stevie Wonder. A lua de mel foi na costa da Califórnia.
- Os recém-casados mudam-se para um apartamento no bairro Hyde Park, em Chicago.

1993

- Michelle se torna a Diretora Executiva Fundadora do novo capítulo de Chicago da Public Allies, organização derivada da AmeriCorps fundada durante a administração de Bill Clinton. Esse programa de treinamento de liderança juvenil prepara jovens adultos com as habilidades necessárias para carreiras no serviço público, uma missão pessoal e emocionalmente importante para Michelle. Enquanto está na Public Allies, ela vai de porta em porta recrutando para o programa e alcança impressionantes recordes de levantamento de fundos que se mantêm por mais de uma década depois de sua partida.

1996

- Michelle deixa seu cargo na Public Allies para se tornar a decana associada de serviços estudantis na Universidade de Chicago. Ela é também diretora do Centro de Serviços Comunitários da Universidade, onde trabalha para promover a primeira organização de serviços comunitários dirigida por estudantes da escola. Em seu novo papel, Michelle fornece aos estudantes oportunidades de serviço em toda a cidade. Durante o tempo em que trabalhou na Universidade de Chicago, a taxa de voluntariado no campus disparou.

- Embora fosse inicialmente contrária ao ingresso de Barack na política em razão de sua aversão a políticos e a instabilidade da vida política, ela apoia ativamente a campanha do marido para o Senado Estadual de Illinois, a qual ele vence, solicitando assinaturas e levantando fundos.

1998

- Em 4 de julho, Michelle dá à luz a primeira filha dos Obamas, Malia. Embora ela não tenha revelado isso publicamente até o lançamento de seu livro em 2018, o casal tinha lutado contra a infertilidade e Michelle teve um aborto antes do nascimento de Malia, depois disso recorrendo a tratamentos de fertilização *in vitro*.

1999

- Enquanto fazia campanha para as primárias democratas para o Primeiro Distrito Congressional de Illinois, Barack fica com Malia, que está muito doente, e perde a votação de um projeto de lei importante. A reação violenta que ele recebe dos opositores por ficar em casa para cuidar de seu bebê doente incita a frustração de Michelle com a política.

2000

- Michelle apoia Barack durante todo um desafio primário malsucedido para o membro da câmara dos representantes dos Estados Unidos Bobby Rush, que Barack chama mais tarde de "uma corrida irrefletida". Ele perde para seu adversário, um ex-líder dos Panteras Negras com grande popularidade local, por mais de 30 pontos.

2001

- Em 10 de junho, nasce a segunda filha de Obama, Natasha (conhecida como Sasha).

2002

- Após levar Sasha, de quatro meses, para uma entrevista nos Hospitais da Universidade de Chicago,

Michelle é convidada para um cargo como diretora executiva de assuntos comunitários e externos. Enquanto sua carreira se acelera e Barack tende para negócios legislativos fora de casa, Malia e Sasha continuam sendo a maior prioridade de Michelle e ela procura maneiras de manter um bom equilíbrio entre a vida profissional e pessoal. Começa falar sobre a importância de apoio e flexibilidade no lar para famílias trabalhadoras durante toda a sua carreira.

2004

- Barack é eleito para o Senado dos Estados Unidos, assumindo o cargo em 2005. Michelle é ativa em sua campanha, e a eleição, juntamente com o famoso discurso de Barack na Convenção Nacional Democrata de 2004, atrai atenção nacional para a família.

- Na Convenção Nacional Democrata, minutos antes de Barack entrar no palco para pronunciar o que se tornaria um discurso bem-sucedido, Michelle oferece ao marido palavras de incentivo: "Não pise na bola, parceiro". Quando lhe pediram um comentário sobre o desempenho do marido na convenção, ela respondeu obstinadamente com uma sutileza: "Deve ter sido um bom discurso."

2005

- Michelle é promovida a vice-presidente de relações comunitárias e assuntos externos no Centro Médico da Universidade de Chicago, onde trabalha para melhorar o acesso aos cuidados médicos e incentiva o hospital a adotar novas práticas para apoiar todos os pacientes, como a contratação de advogados para pacientes.

- Com a intenção de levar os serviços do hospital às comunidades de Chicago, Michelle começa a servir em conselhos das Escolas de Laboratórios da Universidade de Chicago e no Conselho de Chicago sobre Assuntos Globais.

- Enquanto busca ganhar experiência em administração corporativa, Michelle é eleita diretora do conselho da TreeHouse Food Inc., um fabricante e distribuidor de alimentos, onde atua nos comitês de auditoria e governo corporativo.

2006

- Quando a candidatura de Barack é discutida pela primeira vez, Michelle participa das reuniões de estratégia. Ela tem preocupações quanto ao modo como a campanha irá levantar dinheiro suficiente para competir com Hillary Clinton e outros candidatos nas primárias e pede um plano concreto aos conselheiros de Barack.

2007

- Michelle se demite de seu cargo no conselho da TreeHouse Foods, Inc. Ela cita a incapacidade de dividir de maneira eficaz seu tempo entre a família, a campanha e suas responsabilidades profissionais, embora alguns especulem que os laços da companhia com a Walmart entravam em conflito com a oposição de seu marido às práticas trabalhistas deles.

- Michelle reduz suas horas no Centro Médico da Universidade de Chicago para ficar mais envolvida na campanha de Barack que levou às primárias estaduais, discursando para grupos em todo o país.

- Em outubro, ela participa do primeiro fórum de esposas de políticos realizado, reunindo quase todas as esposas de candidatos presidenciais democratas e republicanos na Conferência das Mulheres na Califórnia.

2008

- Michelle desempenha um importante papel na campanha presidencial de Barack de 2008. Em seus discursos, ela se conecta com o público compartilhando suas próprias histórias e experiências de vida, extraindo conexões entre essas experiências e as metas de campanha de seu marido. Ela ganha a reputação de ser mais franca que o marido, o que lhe permite tratar de tópicos mais decisivos e expressar frustrações que Barack está menos disposto a discutir. Isso cimenta seu lugar aos olhos do público e a abre para críticas crescentes da parte de eleitores, da mídia e de adversários políticos.

- Enquanto faz campanha, Michelle deixa Malia e Sasha com sua mãe, Marian. Às vezes ela atrasa discursos para poder falar com elas pelo telefone, um fato que compartilha com o público. "Graças a Deus pela Vovó", é uma frase muito repetida no percurso da campanha.

- Em uma parada da campanha em fevereiro antes das primárias de Wisconsin, Michelle agradece os apoiadores pela onda de apoio que deram a Barack e a seus planos de mudança em Washington. Em um momento de improviso, ela diz à audiência: "Pela primeira vez em minha vida adulta, estou realmente orgulhosa de meu país porque parece que a esperança está finalmente virando o jogo." Essas palavras foram rapidamente aplicadas contra ela e a candidatura de seu marido, quando os críticos sugeriram que o casal era radical e antiamericano. Embora ela explicasse e voltasse atrás da declaração, esse foi um momento difícil que acompanhou Michelle durante toda a campanha.

- Michelle faz um discurso na Convenção Nacional Democrata que é elogiado pelos meios de comunicação e ganha a admiração do público, e isso se reflete nas pesquisas de opinião. Hábil em ganhar o apoio de eleitores indecisos nas paradas da campanha, ela ganha o apelido de "a mais próxima".

- Embora ela continue em sua função nos Hospitais da Universidade de Chicago durante a campanha das primárias, Michelle muda para trabalho de meio período, tanto para acomodar seu papel na campanha do marido como para lhe permitir passar mais tempo com suas filhas. Ela finalmente pede uma licença.

- Durante uma entrevista com o apresentador Jay Leno no The Tonight Show, Michelle aparece com uma saia dourada e cardigan combinado sobre uma blusa de seda. Quando perguntada onde comprara a roupa — que tinha sido escolhida em resposta a uma recente revelação de que Sarah Palin, então candidata vice-presidencial republicana, tinha um orçamento para roupas na campanha de $150 mil — Michelle orgulhosamente responde "J. Crew". A declaração fez com que a popularidade da marca varejista disparasse e tocara um ponto sensível em todas as mulheres do país, que admiravam tanto o estilo quanto a frugalidade de Michelle. Durante todo o seu tempo como primeira-dama, as escolhas de moda de Michelle — muitas vezes ousadas e reveladoras de sua personalidade — são seguidas com um fervor comparado àquele devotado a Jacqueline Kennedy.

- Barack vence a eleição presidencial e em seu discurso de vitória, ele agradece a Michelle pelos sacrifícios que ela fez, a resiliência de seu apoio na campanha e por ser "a rocha" que servia de base à família deles.

2009

- Em 20 de janeiro, Michelle se torna a primeira-dama dos Estados Unidos, tornando-se também a primeira mulher negra primeira-dama na história americana. Ela identifica três objetivos principais nos quais se concentrar durante seu mandato como primeira-dama: ajudar pais que trabalham a encontrar um equilíbrio saudável entre a vida profissional e pessoal; fornecer apoio às famílias de militares americanos; e estimular o aumento no serviço comunitário.

- Michelle começa seu envolvimento comunitário assim que seu marido inicia sua presidência, visitando abrigos para sem-teto, sopões e escolas. Seus índices de aprovação são de cerca de 75%, comparados a 43% durante a campanha, elevando-se especialmente entre grupos que anteriormente a tinham criticado.

- A prioridade máxima de Michelle na Casa Branca é tomar conta de suas filhas enquanto vivem sob o escrutínio do olhar público. No início de sua vida na Casa Branca, a companhia de brinquedos Ty Inc. introduz novas bonecas chamadas "Sweet Sasha" e "Marvelous Malia". Michelle fica aborrecida com o uso que a companhia faz dos nomes de suas filhas para marketing, e a Ty Inc. rapidamente interrompe a fabricação das bonecas.

- Em março, Michelle facilita a criação da primeira horta da Casa Branca desde a Horta da Vitória de Eleanor Roosevelt. Ela é inspirada não somente por Roosevelt, mas também pelas histórias de sua avó cuidando de uma horta da vitória em Chicago quando a mãe de Michelle era criança. A horta da Casa Branca, que consiste no cultivo de várias verduras e ervas, é plantada e colhida por alunos do curso primário na região para educá-los sobre alimentos e colher os benefícios de seu trabalho. Ela manda também instalar colmeias para estimular a polinização.

- Michelle atua no conselho de diretores do Conselho de Chicago sobre Assuntos Globais.

- Barbara Walters da ABC nomeia Michelle sua "pessoa mais fascinante do ano". Na entrevista que acompanha a nomeação, Michelle descreve a parte mais difícil de seu trabalho como primeira-dama como sendo a "preocupação constante" de que está fazendo o suficiente para deixar o país orgulhoso. Ela declara também que embora Barack teria desistido de sua carreira política se ela tivesse lhe pedido, ela pensa que tomou a decisão correta ao apoiá-lo.

- Embora se posicione muitas vezes como uma mãe e uma esposa em primeiro lugar, Michelle está engajada na política. Ela oferece uma recepção na Casa Branca para ativistas dos direitos das mulheres para marcar a aprovação da Lei de Igualdade Salarial Lilly Ledbetter de 2009, apoia o projeto de estímulo econômico e faz planos para visitar todas as agências em nível de Gabinete enquanto se acostuma a Washington.

2010

- Michelle faz campanha para democratas nas eleições que ocorrem na metade do mandato presidencial.

- Após uma surpreendente discussão com seu pediatra que levanta preocupações com o peso de suas filhas, Michelle decide se concentrar em saúde e nutrição — não somente para suas crianças, mas para as crianças de toda a nação. Ela lança a campanha "*Let's Move!*" para abordar a obesidade infantil, ajudando as escolas a fornecer refeições mais saudáveis, estimulando as crianças a serem mais ativas e apoiando os esforços dos pais para fazer escolhas mais saudáveis para seus filhos.

- A *Forbes* nomeia Michelle Obama a mulher mais poderosa do mundo.

- Michelle aparece em *The Hooping Life*, um documentário para promover a prática do bambolê para a saúde.
- Barack assina a Lei Saudáveis, Livres de Fome, um projeto que reautoriza muitos programas de nutrição infantil durante 2015, incluindo o Almoço Escolar Nacional e programas de Café de Manhã e o Programa Especial de Nutrição Suplementar para Mulheres, Bebês e Crianças. Michelle elogia a aprovação do projeto como fundamental para o trabalho de sua iniciativa "*Let's Move!*".

2011

- Michelle lança a iniciativa Juntando Forças em parceria com a dra. Jill Biden. A iniciativa se destina a apoiar veteranos, membros das Forças Armadas, e suas famílias, educando o público no tocante às suas experiências, estimulando uma conexão entre o público geral e famílias de militares, e desenvolvendo bem-estar, educação e oportunidades de emprego para membros das Forças Armadas e seus familiares. Ele é em grande parte bem-sucedido, em especial na área de aumento de emprego tanto para veteranos quanto para esposas de militares.

2012

- Barack vence a reeleição e continua como presidente durante um segundo mandato. Michelle está mais envolvida em sua campanha do que estava em 2008.

Embora ainda seja vista como uma figura polarizadora, ela é considerada mais popular do que seu marido, com uma personalidade receptiva e acessível.

- Em maio, Michelle e Barack anunciam seu apoio ao casamento de pessoas do mesmo sexo. É a primeira vez que Michelle comenta a questão.

- Michelle publica *American Grown: The Story of the White House Kitchen Garden and Gardens Across America*, que documenta sua experiência com a horta da Casa Branca durante toda a estação e a relação entre saúde e comida de qualidade.

- No local do primeiro beijo de Michelle e Barack em frente ao Baskin-Robbins em Hyde Park, é instalada uma placa sobre uma rocha de 1.360 quilos para comemorar seu amor.

2014

- Michelle lança a iniciativa Chegue Mais Alto para ajudar estudantes a continuar sua educação além do ensino médio, com um foco especial em estudantes de baixa renda e de primeira geração na faculdade. A iniciativa enfatiza o acesso à faculdade e auxílios financeiros, expõe estudantes a oportunidades de carreira e aprendizado de verão, e apoia conselheiros escolares que trabalham diretamente com estudantes.

- Michelle trabalha junto com a FDA, agência federal do Departamento de Saúde e Serviços Humanos dos Estados Unidos, para fazer mudanças na rotulagem nutricional nos alimentos. As novas mudanças incluem tornar as contagens de calorias maiores e mais audaciosas, listar açúcares adicionados e tornar os tamanhos das porções mais equilibrados.

- Michelle figura como convidada em Parks and Recreation, fazendo o papel dela mesma.

2015

- Michelle e Barack lançam o "*Let Girls Learn*", uma iniciativa dedicada a ajudar o acesso de meninas adolescentes à educação no mundo todo por meio de uma ampla variedade de programas e parcerias entre os setores público e privado. Durante eventos de imprensa para anunciar a iniciativa, Michelle compartilha histórias de meninas do mundo todo que superaram a pobreza, a violência e outros obstáculos para alcançar uma educação, citando-as como inspiração para o trabalho.

- Michelle, juntamente com suas filhas e mãe, hospedam-se no Kensington Palace e tomam chá com o príncipe Harry. Michelle e o príncipe discutem a ajuda a famílias de militares bem como a iniciativa "*Let Girls Learn*".

- Dando as boas-vindas a milhares de atletas, Michelle dá o pontapé inicial nos Jogos Olímpicos Mundiais Especiais em Los Angeles.

- Depois da histórica decisão da Suprema Corte Obergefell v. Hodges, que legalizou o casamento entre pessoas do mesmo sexo nos Estados Unidos, a administração homenageou a decisão com uma exibição de luzes do arco-íris projetada sobre a Casa Branca. Em seu livro de memórias, lançado em 2018,

Michelle revela que naquela noite, ela e Malia, então com 16 anos, escaparam sorrateiramente da residência ultrapassando os agentes do Serviço Secreto para testemunhar a comovente celebração do público.

2016

- Além de apoiar Hillary Clinton, Michelle faz vários discursos de campanha tanto com ela quanto para ela. Seus esforços não tiveram precedentes — nenhuma primeira-dama em função jamais fez campanha de maneira tão proeminente por uma ex-rival política, muito menos uma ex-primeira-dama.

- Michelle realiza seu último evento de plantio da horta da Casa Branca, uma tradição estabelecida para ajudar a educar crianças sobre a importância de alimentos saudáveis. Ela encerra o evento dizendo que espera que as administrações subsequentes apoiem a tradição de alimentar e educar crianças por meio da horta.

- Michelle Obama aparece em uma entrevista cara a cara com Oprah Winfrey em um especial, "A primeira-dama Michelle Obama diz adeus à Casa Branca", em que ela revela sua crença de que a administração de seu marido alcançou seu objetivo de dar esperança ao povo americano.

2017

- Michelle e Barack se mudam da Casa Branca e retiram seus títulos de presidente e primeira-dama.

- Em seus comentários de despedida como primeira-dama, Michelle diz que servir ao país foi a maior honra de sua vida.

2018

- Michelle publica, em 13 de novembro, seu livro de memórias, *Minha história*, que detalha a jornada de sua vida de Chicago até a Casa Branca. Ele logo se torna o campeão de vendas do *New York Times*.
- Ela é eleita a mulher mais admirada pelos americanos segundo a pesquisa anual do Gallup, removendo Hillary Clinton da posição pela primeira vez em 17 anos.
- Marian Robinson, quando perguntada em uma entrevista sobre o que em sua filha a deixara mais orgulhosa, diz: "Quando eu crescer, quero ser como Michelle Obama."

2019

- O Gallup nomeia Michelle como a mulher mais admirada do mundo pelo segundo ano seguido.
- O documentário *Michelle Obama: Forward Motion* é criado para exibir a trajetória de vida de Michelle do lado sul de Chicago à Casa Branca.
- Em resposta a tweets racistas de Donald Trump contra Alexandria Ocasio-Cortez, Ayanna Pressley, Ilhan Omar e Rashida Tlaib — as quatro congressistas negras frequentemente chamadas de "o Time" — Michelle tuíta "o que realmente torna este país grandioso é sua diversidade".

2020

- A Netflix lança *Minha história*, um documentário sobre a turnê de Michelle para difundir seu livro de memórias.
- Michelle inicia uma PBS KIDS Read-Along Series na TV intitulada "Segundas-feiras com Michelle Obama", em que ela lê seus livros infantis favoritos para as crianças.
- Em julho, Michelle lança *The Michelle Obama Podcast* com Barack como seu primeiro convidado.
- O audiolivro *Minha história* conquista para Michelle um Grammy para Melhor Álbum Falado.
- Michelle e Barack são produtores executivos em *Crip Camp: Revolução pela Inclusão*, um documentário sobre acampamentos de verão para adolescentes com deficiências, muitos dos quais seguiram em frente para se tornar ativistas no movimento pelos direitos dos deficientes nos anos 1970.
- Michelle e Barack revelam que eles estão trabalhando na produção de uma série da Netflix chamada *Listen to Your Vegetables & Eat Your Parents*, para ensinar crianças pequenas e pais sobre as origens da comida saudável em todo o mundo.
- É anunciado que Viola Davis vai estrelar como Michelle Obama na vindoura série dramática da Showtime *First Ladies*.

2021

- Michelle Obama é incluída no Hall da Fama das Mulheres dos Estados Unidos.

- Em entrevista à revista *People*, Michelle afirma ter sofrido uma "depressão de baixo grau" por causa da pandemia de Covid-19 e do assassinato de George Floyd. Ela revela ainda estar "caminhando para aposentadoria".

- Renomeada como *Waffles + Mochi*, a série sobre alimentação saudável para pais e filhos produzida por Michelle e Barack estreia na Netflix.

- A Netflix lança mais uma série produzida por Michelle e Barack: *Lições de Cidadania* (*We The People*), animação musical que tem como objetivo ensinar educação cívica ao público infantil.

- Michelle lidera a lista das mulheres mais admiradas do mundo em 2021 divulgada pelo YouGov.

- A versão juvenil do livro *Minha história*, intitulado *Minha história para jovens leitores*, chega às livrarias.

- Michelle é agraciada com o Prêmio da Liberdade do Museu Nacional de Direitos Civis em Memphis, no Tennessee, por "contribuições significativas aos direitos civis e humanos".

- A série *The First Lady*, na qual Michelle é interpretada pela atriz Viola Davis, tem estreia confirmada para 2022 no canal americano Showtime.

AGRADECIMENTOS

Gostaríamos de agradecer a Kelsey Dame, Emily Feng, Paige Gilbert, Rachel Hinton, Marilyn Isaacks, Eva
 López, Claire Maclauchlan, Elizabeth Pappas, Briana Rooke e Suzanne Sonnier por suas inestimáveis contribuições para a preparação deste manuscrito.

Direção editorial
Daniele Cajueiro

Editora responsável
Ana Carla Sousa

Produção editorial
Adriana Torres
Júlia Ribeiro
Allex Machado

Revisão de tradução
Thaís Carvas

Revisão
Daiane Cardoso

Diagramação
Ranna Studio

Texto de atualização dos Momentos marcantes
João E. Veiga

Este livro foi impresso em 2022
para a Agir.